ANTONIA ROELLER

VON CHEFINNEN UND PRINZESSINNEN

Zwei Essays über Frauenfiguren
in Film und Fernsehen

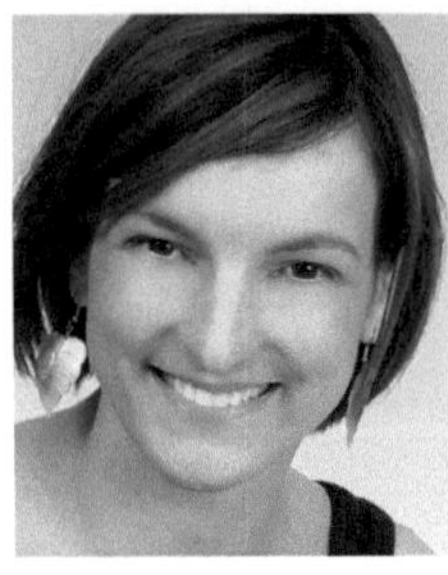

Über die Autorin

Antonia Roeller studierte Drehbuch und Regie an der UCLA in Los Angeles, wo sie für Produktionsfirmen in der Stoffentwicklung sowie dem AFI Filmfest tätig war.

Seit 2007 ist sie in Berlin ansässig und sammelte dort Erfahrungen am Filmset. Aktuell arbeitet sie als Autorin, Dramaturgin und Übersetzerin von Drehbüchern, Theaterstücken und Romanen.

Seit einigen Jahren beschäftigt sie sich intensiv mit Frauenfiguren in Film und Fernsehen. Sie unterrichtete ein Seminar zur Entwicklung komplexer Leinwandheldinnen an der Master School Drehbuch. Zu diesem Thema war sie bei WIFT - Women in Film and Television, der Berlin Feminist Film Week und den Frauenfilmtagen in Wien zu Gast.

AUS FREUDE AM DENKEN!

Schriften zu dramaturgischen und filmwissenschaftlichen Aspekten

Die Master School Drehbuch bietet seit 1995 Seminare und Lehrgänge in den Bereichen Drehbuchschreiben und Dramaturgie an.

Der stets angeregte Austausch unserer Dozentinnen und Dozenten über verschiedene dramaturgische und filmwissenschaftliche Aspekte war unsere Motivation, im Jahr 2015 die Master School Drehbuch EDITION zu gründen und Texte unterschiedlicher Länge zunächst als eBooks in digitaler Form zu publizieren. Inzwischen sind alle unsere Schriften auch in einer Print-Version erhältlich.

Es ist unser Ziel, unseren Gedanken und Überlegungen in einem eigenen Verlag ein Forum zu bieten. Es macht uns Freude, tiefer in bestimmte dramaturgische und filmwissenschaftliche Themen einzusteigen.

Leserinnen und Lesern bieten unsere Texte einen kompakten und übersichtlichen Zugang. Einzelne dramaturgische und filmwissenschaftliche Aspekte werden intensiv und prägnant beleuchtet.

ANTONIA ROELLER

VON CHEFINNEN UND PRINZESSINNEN

Zwei Essays über Frauenfiguren in Film und Fernsehen

master school drehbuch EDITION ESSAY

Bibliografische Information der Deutschen Nationalbibliothek
Die Deutsche Nationalbibliothek verzeichnet diese Publikation in der Deutschen Nationalbibliografie; detaillierte bibliografische Daten sind im Internet über *http://dnb.d-nb.de* abrufbar.

Deutsche Originalausgabe
Master School Drehbuch EDITION

Wartenburgstraße 1 B
D-10963 Berlin
0049 (0)30 325 38 355
www.masterschool.de
info@masterschool.de

Layout und Satz: Edgar Lange
Lektorat: Babette Jonas, Doris Schemmel
Mitarbeit: Sabine Wucyna

Herstellung und Vertrieb: BoD – Books on Demand, Norderstedt
ISBN: 978-3-946930-02-0 (Print-Version)

INHALT

„Das Leben ahmt die Kunst weit mehr nach als die Kunst das Leben.“
(Oscar Wilde)

Oscar Wilde: Der Verfall des Lügens.
In: Zwei Gespräche von der Kunst und vom Leben. Leipzig 1907.

EINBLICK

Unterhaltungsmedien spielen eine bedeutende Rolle bei der Schaffung sozialer Normen, da sie fast überall in der gegenwärtigen Kultur präsent sind. So existieren auch überkommene Geschlechterrollen nicht nur, weil die Gesellschaft sie als solche akzeptiert, sondern weil sie in den Medien häufig stereotyp vorgelebt wurden und immer noch werden. Dem Publikum ist möglicherweise nicht immer bewusst, welchem Einfluss es hier unterliegt.

Gleichzeitig bieten Film und Fernsehen jedoch die Chance, der Zuschauerin und dem Zuschauer einen Spiegel vorzuhalten und Missstände unserer Gesellschaft bloßzulegen. Eine besondere Verantwortung kommt dabei Autorinnen und Autoren zu. Die von ihnen geschaffenen Filme und Serien mögen primär der Unterhaltung dienen. Da das zeitgenössische Publikum jedoch zunehmend nach Geschichten verlangt, die nachhaltig berühren und zum Nachdenken anregen, bietet sich hier ein Ansatz für geschlechtergerechtes Erzählen.

Kreativität ist immer ein Ausdruck der eigenen Sichtweise. So liegt auch dem Schreiben die Beobachtung des Umfelds und die Verarbeitung persönlicher Erfahrungen zugrunde. Hier gilt es, die eigene Wahrnehmung in Bezug auf das Geschlechterbild zu schulen, mediale Stereotype zu hinterfragen und sicherzustellen, nicht gedankenlos an einer Kultur der Ungleichbehandlung teilzunehmen. Eine bewusste Stoffauswahl, das Aufgreifen einer weiblichen Erzählperspektive und die Auseinandersetzung mit geschlechtsspezifischen Dynamiken sind notwendig, um Frauen angemessen darzustellen. All dies kann dann in einer Wechselwirkung wiederum positiv auf gesellschaftliche Normen Einfluss nehmen.

In den nachfolgenden beiden Essays werde ich das mediale Frauenbild anhand von weiblichen Führungskräften und Märchenheldinnen analysieren. Durch die Wahl so unterschiedlicher Frauentypen möchte ich zeigen, dass eine geschlechtergerechte Charakterisierung in durchweg allen Genres der Unterhaltungsmedien möglich ist.

KARRIERESÜCHTIG, MACHTVERSESSEN, EINSAM?
DIE DARSTELLUNG WEIBLICHER FÜHRUNGSKRÄFTE IN FILM UND FERNSEHEN

Während sich die Emanzipation auf viele Gesellschaftsbereiche positiv ausgewirkt hat, sind ihre Errungenschaften am deutlichsten in der Arbeitswelt zu spüren. Es ist heute nahezu selbstverständlich, dass Frauen einer Erwerbstätigkeit nachgehen und dabei auch Verantwortung in leitenden Positionen übernehmen. Doch anhaltende Debatten zu Themen wie der Frauenquote oder sexueller Belästigung am Arbeitsplatz zeigen auch, dass es immer noch strukturelle Widerstände in der Arbeitswelt gibt.

Wie werden weibliche Führungskräfte in Film und Fernsehen präsentiert? Nur eine zeitgemäße Abbildung kann gewährleisten, dass diese sich als Identifikationsfigur für Zuschauerinnen eignen. Dabei spielen ihr Wertesystem und der von ihnen vertretene Führungsstil eine tragende Rolle. Existieren hier Vorbilder, die Zuschauerinnen aufrütteln und sie beruflich nach höheren Zielen streben lassen? Und wie werden diese Figuren in den Medien rezipiert? Werden weibliche Führungskräfte genauso akzeptiert wie ihre männlichen Kollegen oder besteht ein Doppelstandard?

DIE PRINZESSIN ERWACHT
MODERNE MÄRCHENHELDINNEN
IN FILM UND FERNSEHEN

Bereits Kinder lernen und übernehmen Geschlechtermodelle. Es ist daher für Mädchen und Jungen gleichermaßen erforderlich, sie für Gleichstellung zu sensibilisieren und ihnen entsprechende Leitbilder mit auf den Weg zu geben. Unterhaltungsmedien können erheblichen Einfluss darauf nehmen, wie Kinder sich selbst und die Möglichkeiten ihrer Lebensgestaltung wahrnehmen.

Märchen sind dabei von großer Bedeutung, Kinder kommen bereits in den für die Entwicklung wichtigen ersten Lebensjahren mit ihnen in Kontakt. Im Gegensatz zu anderen Genres sind Frauenfiguren hier vermehrt als Protagonistin zu finden. Doch welche Lektionen werden durch sie übermittelt? Viele märchentypische Themen sind auch heute noch insbesondere für Frauen gesellschaftlich relevant. Ich werde erörtern, mit welchen Mitteln diese für ein modernes Publikum aufbereitet werden und ob sie dem Anspruch der Geschlechtergleichheit gerecht werden.

Das Ziel meiner Untersuchung ist es, den Blick des Publikums in Bezug auf die ihm in Unterhaltungsmedien präsentierten Geschlechterrollen zu schärfen. Insbesondere hoffe ich, Autorinnen und Autoren zu einer komplexeren Auslegung von Frauenfiguren zu inspirieren, die – im besten Fall – zu einer breiten Akzeptanz neu definierter weiblicher Rollen innerhalb der Gesellschaft führt.

KARRIERESÜCHTIG, MACHTVERSESSEN, EINSAM?
DIE DARSTELLUNG WEIBLICHER FÜHRUNGSKRÄFTE IN FILM UND FERNSEHEN

Bereits seit Jahren geistert das Thema „Frauenquote“ immer wieder durch Politik und Medien. Ende 2014 hat die Bundesregierung sich nun für deren Einführung ab dem Jahr 2016 entschieden. Wie genau diese langfristig aussehen wird und welche Folgen sie für die Wirtschaft und die einzelnen Unternehmen haben wird, bleibt abzuwarten. Doch hat eine amerikanische Studie kürzlich ergeben, dass Firmen mit einem hohen Frauenanteil in den Aufsichtsräten im Schnitt profitabler arbeiten als Firmen ohne.[1] Umso erstaunlicher ist es, dass es überhaupt einer gesetzlichen Regulierung bedarf und dass der Anteil an weiblichen Vorständen bei den 200 größten Unternehmen Deutschlands seit geraumer Zeit bei gerade mal 3% liegt.[2] Doch woran liegt das und wie lässt sich die gläserne Decke durchbrechen in den Unternehmen, die von der Quotenregelung nicht betroffen sind?

Nie waren Frauen qualifizierter als heute. In den schulischen Leistungen sind sie ihren männlichen Altersgenossen ebenbürtig und bei Universitätsabschlüssen überwiegt der Frauenanteil sogar.[3] Wie kommt es also dazu, dass einem Großteil hochqualifizierter Frauen im Berufsleben der Sprung in

1 Nancy M. Carter, Harvey M. Wagner: The Bottom Line. Corporate Performance And Women's Representation On Boards (2004-2008). In: www.catalyst.org.

2 Elke Holst, Anne Busch und Lea Kröger: Führungskräfte-Monitor 2012. In: www.diw.de.

3 Waltraud Cornelißen: 1. Datenreport zur Gleichstellung von Frauen und Männern in der Bundesrepublik Deutschland. In: www.bmfsfj.de.

die Führungsetage verwehrt bleibt? Die amerikanische Feministin Naomi Wolf sieht dies nicht primär als Folge männlicher Unterdrückung, sondern begründet die Situation auch mit der Angst der Frauen selbst vor zu viel Macht und Verantwortung. Sie schreibt in „Die Stärke der Frauen: Gegen den falsch verstandenen Feminismus", dass Frauen häufig den Konflikt und die Gefahr zu versagen scheuten und nicht als egoistisch angesehen werden wollten.[4] Der Grund dafür scheint häufig bereits in der frühkindlichen Prägung zu liegen. So berichtet die Psychologin Doris Bischof-Köhler über Forschungen, die zeigen *„dass Mädchen immer noch zu wenig Selbstbewusstsein haben. Sie halten sich oft sehr zurück und stellen ihr Licht unter den Scheffel"*.[5] Das Ergebnis einer Untersuchung der Universität Essex scheint dies zu belegen.[6] So zeigten sich Mädchen im Verband reiner Mädchenschulen genauso risikobereit wie Jungen. Doch im direkten Wettstreit mit Jungen steckten sie häufig zurück. Und nicht nur im gemeinsamen Unterricht zeigen sich Unterschiede. Gemäß einer Bestandserhebung des DOSB (Deutscher Olympischer Sportbund) ist zwar der Anteil der weiblichen Mitglieder unter 18 Jahren in den letzten Jahren stetig gestiegen, doch betreiben immer noch mehr Jungen Vereinssport.[7] Dabei messen Jungen auch eher in Teamsportarten wie Fußball ihre Kräfte, wo ihnen Durchsetzungsvermögen und Stärke vermittelt werden. Mädchen dagegen sind häufiger in Sportarten wie Ballett und Reiten vertreten, bei denen es eher auf Disziplin und Anpassungsfähigkeit ankommt. Diese Eigenschaften erweisen sich aber gerade später im Berufsleben als Hindernis. Victoria Brescoll von der Universität von Yale hat dies untersucht mit dem Ergebnis, dass selbst beruflich erfolgreiche Frauen weniger wortstark auftreten als

---

4 Naomi Wolf: Die Stärke der Frauen: Gegen den falsch verstandenen Feminismus. München 1993.

5 Sabine Grüneberg: Stereotype. Wie erzieht man heute ein Mädchen? In: Eltern, www.eltern.de.

6 N.N.: Warum Frauen das Risiko scheuen. In: www.scinexx.de.

7 Karin Fehres, Ute Blessing-Kapelke, Petra Tzschoppe, Stephan Hartmann: Mitgliederentwicklung im Sportverein. Bestandserhebungen und demografischer Wandel zwischen den Jahren 2000 und 2010. In: www.dosb.de.

ihre männlichen Kollegen. Die Studie kam zu dem Schluss, dass Frauen aus Angst, als aggressiv und machthungrig abgestempelt zu werden, ihre eigenen Ansprüche oft zurückstellen.[8]

Auch scheint der Spagat zwischen Beruf und Familie für Frauen immer noch schwieriger als für Männer. Zwar präsentieren sich viele Unternehmen in der Öffentlichkeit als bewusst familienfreundlich, doch arbeiten gerade Frauen mit Kindern weitaus häufiger in Teilzeitstellen und erhalten weibliche Mitarbeiter im Schnitt weniger Zuschüsse für Weiterbildung.[9] Daraus folgt, dass im Alltag immer noch mehr Frauen als Männer Zeit ins Familienleben investieren und deshalb von ihren Arbeitgebern auch nicht im selben Maß wie ihre männlichen Kollegen gefördert werden. So berichtet auch die Vorsitzende des Verbandes fib (Frauen im Ingenieurberuf) Professor Dr. Burghilde Wieneke Toutaoui, dass die Geburt ihres ersten Kindes sie beruflich ausgebremst hat: *„Ich habe über zehn Jahre nur mit Männern zusammengearbeitet, und viele von ihnen hatten Kinder. Mein berufliches Umfeld hat mich dann aber ziemlich deutlich spüren lassen, dass das bei mir als Frau etwas ganz anderes ist. Vor allem wenn der Wunsch wie bei mir eine Einstiegsposition auf dem Weg zur Werksleiterin war. Dieser Weg hat sich verschlossen.“*[10] Frauen in Führungspositionen spielen somit in der Realität immer noch keine gleichwertige Rolle. Und es stellt sich die Frage, in welcher Form die Medien, insbesondere fiktionale Darstellungen, mit dieser Tatsache umgehen.

Wie hat sich das Bild von weiblichen Führungskräften in Film und Fernsehen im Laufe der letzten Jahrzehnte verändert?

---

8 Vivian Giang: Why powerful women don't talk as much as men. In: Business Insider, 07.05.2012, www.businessinsider.com.

9 N.N.: Beruf und Familie: Karriereknick oder nicht? In: www.absolventa.de.

10 Eva Viehoff: Interview mit Burghilde Wieneke Toutaoui. In: www.komm-mach-mint.de

Inwiefern sind zeitgenössische Spielfilme und Serien noch veralteten Stereotypen verhaftet oder spiegeln die aktuelle Situation wider? Gibt es vielleicht sogar Beispiele, die Ansätze einer neuen Rolle der Frau im Beruf zeigen und damit zu einem wichtigen Verständnis beitragen können?

Nachfolgend werde ich diese Fragen anhand von fünf Beispielen beleuchten. Dazu stelle ich einen Film aus den 80ern – einer Zeit, in der weibliche Filmfiguren zum ersten Mal verstärkt in der Berufswelt dargestellt wurden – mehreren Beispielen aus der Gegenwart gegenüber. Die Analyse konzentriert sich dabei auf folgende Schwerpunkte:

1. Darstellung
Wird die weibliche Führungskraft facettenreich verkörpert oder existiert überwiegend noch das Stereotyp der machthungrigen, zerstörerischen Powerfrau?

2. Führungsstil
Wie ist das Verhältnis der Figur zu ihren Mitarbeitern? Tritt sie als Einzelkämpferin oder Mentorin auf und bildet sie wertvolle Allianzen? Unterscheidet sich ihre Beziehung zu Männern von der zu Frauen?

3. Wertesystem
Welche Rolle spielt Macht für die weibliche Führungskraft und wie ist ihr Verhältnis zu Moral? Kommt es zwischen ihr und den anderen Figuren zu einem Konflikt aufgrund unterschiedlicher Werte?

4. Mediale Rezeption
Wie steht es um die öffentliche Wahrnehmung der Figur? Und welchen Eindruck nehmen letztendlich die Zuschauerinnen mit?

FRAU GEGEN FRAU: WORKING GIRL (1988)

Das erste Beispiel entstammt einer Welle von Filmen aus den 80ern, die Frauen verstärkt in der Berufswelt darstellten. Heute sind weibliche Hauptfiguren mit Karriereambitionen keine Seltenheit in Film und Fernsehen. Doch bis in die 70er-Jahre sah das noch anders aus. Ob in deutschen Heimatfilmen oder Hollywood-Melodramen: Die Protagonistinnen nahmen zumeist die Rolle der Geliebten und Mutter ein, und falls sie arbeiteten, waren sie entweder unverheiratet oder befanden sich in einer Notsituation. Dies entsprach zumindest in der Bundesrepublik auch der Realität vieler Frauen. Erst mit der zweiten Welle der Frauenbewegung in den Spätsechzigern ging für viele der Wunsch nach beruflicher Selbstverwirklichung in Erfüllung. Infolgedessen änderte sich auch das Bild auf der Leinwand, und Kinostars wie Jane Fonda, Lily Tomlin und Holly Hunter verkörperten in Hits wie NINE TO FIVE[11] und BROADCAST NEWS[12] Leinwandheldinnen, die sich primär über ihren Beruf definieren.

Das wohl bekannteste Beispiel ist WORKING GIRL[13], das von der einfachen Sekretärin Tess handelt, die versucht in der Geschäftswelt Manhattans Karriere zu machen. Trotz ihrer niedrigen sozialen Herkunft bemüht sich Tess unermüdlich, durch Intelligenz und Fleiß zu beruflichem Erfolg und Ansehen zu gelangen. Als sie ihre neue Stelle bei einem Konzern antritt, ist sie verblüfft, zum ersten Mal für eine weibliche Vorgesetzte zu arbeiten und glaubt in der klugen und ebenso ambitionierten Katharine endlich eine Mentorin gefunden zu haben. Motiviert entwickelt Tess einen Geschäftsplan für eine anstehende Fusion des Unternehmens und präsentiert ihn Katharine. Als diese aufgrund eines Skiunfalls für einige Zeit im Ausland fest

11 NINE TO FIVE (Warum eigentlich ... bringen wir den Chef nicht um?): R: Colin Higgins, B: Patricia Resnik, Colin Higgins, USA 1980.

12 BROADCAST NEWS (Nachrichtenfieber): R und B: James L. Brooks, USA 1987.

13 WORKING GIRL (Die Waffen der Frauen): R: Mike Nichols, B: Kevin Wade, USA 1988.

sitzt, erhält Tess den Auftrag, sich um Katharines Wohnung zu kümmern. Dort entdeckt sie, dass Katharine Tess' Idee ihrem Geschäftspartner und Geliebten Jack als eigene vorgestellt hat. Anstatt Katharine direkt darauf anzusprechen, entschließt sich Tess Katharine mit ihren eigenen Mitteln zu bekämpfen. Sie sucht Jack auf und gibt sich ihm gegenüber als Katharines Vertretung aus.

Während sie gemeinsam an der Vorbereitung der Transaktion arbeiten, verlieben sie sich ineinander, und Jack plant seine Beziehung mit Katharine zu beenden. Tess' Freude über ihren neugewonnenen beruflichen Respekt währt allerdings nur kurz, als Katharine überraschend nach New York zurückkehrt und Tess' doppeltes Spiel entdeckt. Sie stellt Tess vor dem Konzernschef als einfache Sekretärin bloß, die versucht habe, die Idee ihrer Vorgesetzten zu stehlen und als eigene auszugeben. Tess verliert daraufhin ihren Job. Auch Jack fühlt sich von ihr zunächst hintergangen. Als Tess ihre persönlichen Gegenstände aus dem Büro abholt, treffen Katharine, der Konzernschef und Jack für die Transaktionsverhandlung ein. Jack konfrontiert Tess und will wissen, ob sie ihre Gefühle für ihn auch nur vorgetäuscht habe. Tess versichert ihm, dass dies nicht der Fall war. Mit Jacks neugewonnener Unterstützung kann sie nun den Konzernschef von der Wahrheit überzeugen, da sie im Gegensatz zu Katharine die Quelle für die Geschäftsidee präsentieren kann. Als Konsequenz verliert Katharine daraufhin ihre Arbeit, und Tess bekommt das Angebot, wieder im Konzern zu arbeiten. Am Morgen ihres ersten Arbeitstags erhält sie von Jack eine gepackte Brotdose und macht sich auf den Weg ins Büro. Dort ist sie vollkommen verblüfft, dass sie statt ihrer alten Stelle als Sekretärin nun ein Posten als Managerin erwartet – samt eigenem Büro.

1. Darstellung

Schon früh in der Handlung projiziert Tess ihre beruflichen Ideale auf ihre neue Vorgesetzte und strebt an, wie diese zu sein. Und bereits der erste Auftritt Katharines zeugt von deren gehobener Position im Unternehmen. Während sich Tess' Kolleginnen im Großraumbüro bei deren Arbeitsantritt locker im Umgang zeigen, lässt Katharines Eintritt alle verstummen. Begleitet von den argwöhnischen Blicken ihrer weiblichen Untergebenen, stolziert sie grußlos an ihnen vorbei, um von ihrer neuen Sekretärin Tess Maß zu nehmen und anschließend in ihr separates Büro zu verschwinden. Unmittelbar in diesem ersten Gespräch der beiden stellt sich heraus, dass Tess zum ersten Mal für eine Frau arbeitet, was die Sonderstellung Katharines umso mehr unterstreicht.

Auch äußerlich könnten Protagonistin und Antagonistin nicht unterschiedlicher sein. Während Tess billigen Modeschmuck und eine typische 80er-Dauerwelle trägt und ihre Turnschuhe erst im Büro gegen Pumps austauscht, macht Katharine in einem seriösen Kurzhaarschnitt und mit schickem Business-Kostüm eine eindeutig professionellere Figur. Und sie ist nicht nur erfolgreicher als Tess, sie ist sogar ein Jahr jünger. Hier wird somit eine direkte Konkurrenz zwischen den beiden aufgebaut, die auf dem Prinzip basiert, dass Schönheit und Jugend das Kapital und damit die im deutschen Verleihtitel genannten klassischen „Waffen der Frauen" sind, um Macht zu erlangen.[14] Als Tess schließlich im letzten Akt Katharines Intrige aufdeckt, schleudern sie und der Konzernschef Katharine entgegen, *„sie solle ihren verknöcherten Arsch zur Tür rausschieben"*. Hier erfolgt ein gezielter und persönlicher Angriff von Tess auf Katharines Äußeres. War Tess zu Beginn noch von ihrem stilvollen Auftreten beeindruckt, hat sich das Machtverhältnis der beiden nun verändert.

14 Naomi Wolf: Der Mythos Schönheit. Reinbek 1991.

Innerhalb der Handlung wird Katharine wiederholt als distanziert und berechnend dargestellt. Dass sie sich strikt auf ihre berufliche Aufgabe konzentriert und kein Interesse zeigt mit den anderen weiblichen Angestellten anzubiedern, deklariert sie sofort zur Außenseiterin. Sie ist somit weder ein Teil der weiblichen Gemeinschaft, noch ein Teil der männlichen. Denn zum Schluss wenden sich die männlichen Figuren ebenfalls von ihr ab, was verdeutlicht, dass sie von ihnen geduldet, aber nicht unbedingt als gleichwertig angesehen worden ist.

Tess bedient sich exakt der gleichen Methoden wie ihre Vorgesetzte, um endlich Erfolg zu haben. Am Ende wird sie auch von den männlichen Kollegen akzeptiert und klettert die Karriereleiter hoch. Inwieweit sich das auf ihr Verhältnis zu ihren Mitarbeiterinnen auswirken wird, bleibt jedoch ungewiss. Vielleicht ist dies auch nur der erste Schritt auf dem Weg, am Ende so isoliert wie Katharine dazustehen.

2. Führungsstil

Ihren weiblichen Mitarbeitern gegenüber tritt Katharine in einem Schutzmantel von freundlicher Distanziertheit auf, was dazu führt, dass sie von ihnen zwar für ihre berufliche Leistung respektiert, auf persönlicher Ebene aber nicht geschätzt wird. Während das herablassende Verhalten und die sexuellen Anzüglichkeiten der männlichen Kollegen und Vorgesetzten weitgehend toleriert werden, wird Katharine kritischer beurteilt. Hier wird deutlich, dass für eine Frau in einer Machtposition deutlich strengere Maßstäbe gelten.

Tess ist sich dieser Dynamik zu Anfang noch nicht bewusst. Sie glaubt in Katharine endlich die Mentorin gefunden zu haben, nach der sie sich immer gesehnt hat, als diese in ihr Hoffnung auf ein gemeinsames Fortkommen erweckt: *„Ich sehe uns als Team, Tess. ... Ich will Ihren Input, Tess. Ich begrüße Ihre Ideen und ich belohne gern harte Arbeit.“* Im Gegensatz zu ihrer Vorgesetzten glaubt Tess nämlich zunächst an die Notwendigkeit eines Zusammenhalts unter Frauen, um in einer von Männern dominierten Welt voranzukommen. Dies drückt sich auch in der finalen Szene des Films aus, als Tess ihre neue Stelle antritt. Sie erhält endlich ein eigenes Büro und darüber hinaus sogar ihre persönliche Sekretärin. Doch anstatt wie Katharine aus einer klaren Hierarchie heraus zu agieren, etabliert sie sofort ein partnerschaftliches Verhältnis zu ihr. Welche Folgen dies haben wird, bleibt aber offen.

Während die Konkurrenz unter den weiblichen Hauptfiguren jederzeit spürbar ist, bleibt ihr Verhältnis zu den männlichen Figuren ambivalent. Katharine benutzt zwar ihre Weiblichkeit als Instrument, indem sie zum Beispiel mit Geschäftspartnern flirtet, um sich Zugang zu einer wichtigen Verhandlung zu verschaffen. Doch letztendlich wirkt dies nur wie ein Bitten darum, mit den „großen Jungs" in einer Liga spielen zu dürfen. Während Katharine keine Hemmungen hat Tess auszustechen, sehen wir nie auch nur den Ansatz eines Versuches, einen Mann zu übertrumpfen. Sie zeigt sich den männlichen Figuren gegenüber stets gefällig und stellt deren natürliche Machtposition nie in Frage. Somit ist sie zwar präsent, ihnen jedoch nicht wirklich ebenbürtig.

Auch Tess konkurriert nicht vorrangig mit Männern, und so existiert in ihrer Beziehung zu Jack sofort ein ungleiches Machtverhältnis. Zu Beginn nimmt er sie überhaupt nicht als Geschäftspartnerin, sondern nur als potentielle Eroberung wahr, und Tess begibt sich sofort in die traditionelle Rolle der schwachen Frau. Sie lässt es zu, dass Jack ihr Getränke spendiert und sie betrunken in seine Wohnung mitnimmt, wo sie ihren Rausch ausschläft. Anstatt Jack mit ihrer Intelligenz und Geschäftstüchtigkeit als ebenbürtiger Partner zu beeindrucken, überlässt sie ihm sofort die Kontrolle über die Situation. In der Auseinandersetzung am Höhepunkt des Films ist Tess sogar auf seine Unterstützung angewiesen. Von Katharine als einfache Sekretärin bloßgestellt, schenkt ihr zunächst niemand Gehör. Erst als Jack mit den

Worten *„Ich versichere Ihnen, sie ist Ihr Mann."* für Tess Partei ergreift, erhält sie die Chance, die Quelle ihrer Geschäftsidee zu präsentieren und so Katharines Lüge aufzudecken. Daraufhin erhält Tess ein Angebot, von nun an für den Konzern als Managerin zu arbeiten und wird Zeuge wie Katharine ihre Stelle verliert. Tess spielt jetzt somit in der gleichen Liga wie die „großen Jungs".

Interessant ist, dass der Doppelstandard in Bezug auf das Verhältnis zu Männern sich auch auf der privaten Ebene der Figuren widerspiegelt. Tess' Freund fühlt sich durch ihre Karriereambitionen zunehmend vernachlässigt und sät mit Bemerkungen wie *„Wie ist das Leben auf der Überholspur?"* immer wieder Zweifel an ihren beruflichen Zielen. Schließlich betrügt er sie mit einer gemeinsamen Bekannten und trennt sich von ihr, als sie seinen überraschenden Heiratsantrag ablehnt. Doch am Ende scheint Tess dies auch zu verstehen und verzeiht ihm. So wird der Eindruck erweckt, dass der berufliche Ehrgeiz einer Frau zwangsläufig dazu führen muss, dass sie ihr Privatleben vernachlässigt und dass dies eine Affäre des Mannes rechtfertigt. Das gleiche Muster spielt sich auch in der Beziehung von Katharine und Jack ab, als dieser in Katharines Abwesenheit Tess verführt.

Bedeutsam für das Geschlechterverhältnis ist auch Katharines Wunsch nach einem Heiratsantrag von Jack. Katharine mag ehrgeizig im Beruf sein, aber letztendlich definiert sie ihren Erfolg auch darüber, an der Seite eines mindestens ebenso erfolgreichen Mannes zu stehen. Ihr Wert als Frau misst sich somit immer noch an dem veralteten Ideal, einen finanziell gutgestellten Ehepartner für sich zu gewinnen.

3. Wertesystem

Katharine hat ein zwiespältiges Verhältnis zu Moral. Sie setzt ihre Sexualität gekonnt für ihre beruflichen Zwecke ein und scheut sich nicht davor, ein doppeltes Spiel mit Tess zu spielen, um ihre Karriere voranzutreiben. Macht in Form von professionellem Ansehen ist ihr wichtig, und sie nutzt ihre Vorgesetztenposition skrupellos aus. So gibt sie Tess die Anweisung, sich in ihrer unfallbedingten Abwesenheit um ihre Wohnung zu kümmern. Tess, in ihrem Wunsch gemocht zu werden, gehorcht ihr fraglos, auch wenn dies bedeutet, dass sie nach Feierabend weniger Zeit für ihr Privatleben hat.

Und doch lernt auch Tess recht schnell von Katharine. Als sie entdeckt, dass Katharine Tess' Geschäftsidee als ihre eigene ausgibt, schlägt sie zurück. Sie zieht in Katharines Wohnung und benutzt von nun an deren Kleider und Geschäftskontakte. Diese Veränderung drückt sich auch äußerlich aus, als Tess ihre langen Haare abschneidet und sich stilvoller kleidet, um von nun an professioneller zu wirken. Die Intrige zahlt sich schließlich aus, und Tess schafft es so, sich in der männerdominierten Geschäftswelt zu behaupten. Wie man dies erreichen kann, hat sie allerdings von einer Frau gelernt. Während es zweifellos unmoralisch von Katharine war, Tess' Idee zu stehlen, reagiert Tess jedoch damit, Katharines gesamte Identität zu übernehmen.

Der Film mündet allerdings in eine Doppelmoral. Die skrupellose Katharine wird am Ende für ihr Vergehen bestraft, als sie Mann und Arbeit verliert. Im Gegensatz dazu muss sich aber keine der männlichen Figuren im Film für ihr Fehlverhalten verantworten. Egal ob sexuelle Belästigung oder Seitensprung, ihr Verhalten bleibt im Handlungsverlauf stets ungeahndet. Wohl auch, da es unter den Männern einen Zusammenhalt zu geben scheint, der bei den Frauen nicht existiert. Hier muss eine die andere zerstören, um sich in einer männerdominierten Welt zu behaupten.

4. Mediale Rezeption

Von der New York Times treffend als *„Aschenputtel im Businessanzug"*[15] tituliert, entwickelte sich Working Girl zum Kassenschlager und heimste

15 Janet Maslin: Working Girl: The Dress-for-Success Story Of a Secretary From Staten Island. In: New York Times, 21.12.1988.

mehrere Oscar-Nominierungen ein. Dabei bedient er klar das Klischee der Karrierefrau, die über Leichen geht, und setzt unterschiedliche Standards für das moralische Verhalten von Frauen und Männern an. In den späten 80ern blieb eine kritische Auseinandersetzung mit gängigen Vorurteilen über karriereorientierte Frauen noch aus. Der Film erweist sich somit heute als ein Produkt seiner Zeit, in der die Zuschauerinnen schon froh sein mussten, überhaupt eine Protagonistin mit beruflicher Identität auf der Leinwand zu sehen. Auch wird bewusst suggeriert, dass Frauen sich erst einmal untereinander bekämpfen müssen, um es in die Männerliga und damit zum Erfolg zu schaffen. Somit war der Film in puncto berufliche Einstellung sicherlich ein Schritt in die richtige Richtung, dient jedoch nicht als zeitgemäßes Vorbild, was das Verhältnis der Frauen untereinander angeht.

DIE DESPOTISCHE CHEFIN: THE DEVIL WEARS PRADA (2006)

Ein aktuelleres Beispiel für die ungeliebte Vorgesetzte ist Miranda aus dem Kinohit The Devil Wears Prada[16], basierend auf dem gleichnamigen Bestseller von Lauren Weisberger. Der Film erlangte große mediale Aufmerksamkeit, wohl auch dank seiner Parallelen zur Realität, denn Lauren Weisberger arbeitete einst selbst als Assistentin für die Chefredakteurin des US-Modemagazins „Vogue".

Als die Uniabsolventin Andy eine einjährige Stelle als Assistentin Miranda Priestlys antritt, hofft sie darauf, dass sich danach für sie die Türen zu einem Job bei einer respektablen Zeitung öffnen, denn Miranda ist die Chefredakteurin des wichtigsten Modemagazins Amerikas. So recht passt die farblose Andy aber nicht in die Modebranche, und da sie die Position nur als Sprungbrett zu einer Karriere als ernsthafte Journalistin ansieht, gibt sie sich auch keine Mühe dazuzulernen und wird von Miranda zunächst mit Verachtung gestraft.

Tagtäglich sieht sich Andy neuen, immer absurder werdenden Herausforderungen gegenüber, Miranda ihre Kompetenz zu beweisen. So soll sie den noch unveröffentlichten nächsten Band von Harry Potter auftreiben, da Miranda diesen ihren Zwillingstöchtern versprochen hat. Bei einem ihrer Botengänge wird sie zufällig Zeugin, wie Miranda sich ihrem Ehemann gegenüber für ihr berufliches Engagement rechtfertigen muss. Mit der Zeit fühlt sich Andy zunehmend unter Druck gesetzt und sucht Rat beim künstlerischen Leiter des Magazins, Nigel, der sie auffordert, mit dem Jammern aufzuhören und ihren Job als wertvolle Lernerfahrung anzusehen. Andy ändert daraufhin ihre berufliche Einstellung und gibt sich mehr Mühe, sich der Modebranche anzupassen, was jedoch zum Konflikt mit ihrem privaten

16 THE DEVIL WEARS PRADA (Der Teufel trägt Prada): R: David Frankel, B: Aline Brosh McKenna, USA 2006.

Umfeld führt. So wirft ihr Freund Nate ihr vor, keine Zeit mehr für ihn zu haben, und ihr Freundeskreis kritisiert Andys neues Interesse an Mode als oberflächlich. Selbst ihr Vater entzieht ihr seine Unterstützung, indem er ihr seine Enttäuschung darüber gesteht, dass Andy nach Abschluss ihres Studiums nicht direkt eine Stelle als Journalistin gefunden hat.

Doch als Andy es schließlich schafft, durch Beziehungen den Harry Potter-Band zu beschaffen, wird ihr endlich die Anerkennung Mirandas zuteil. Und so erhält sie auch den Auftrag, Miranda zur Pariser Modewoche zu begleiten. Andy weist Miranda darauf hin, dass die Reise der große Traum der bereits seit längerem angestellten anderen Assistentin Emily ist und dass diese schon fest damit gerechnet hatte, mit nach Paris fliegen zu dürfen. Doch Miranda stellt Andy vor die Wahl, sie zu begleiten oder ihren Job zu verlieren.

Andy akzeptiert und erfährt kurz nach ihrer Ankunft in Paris zufällig, dass der Herausgeber des Magazins plant, Miranda durch Jacqueline, die Chefredakteurin der französischen Ausgabe, ablösen zu lassen. Als Andy ihre Loyalität gegenüber Miranda beweisen will und versucht sie zu warnen, sieht sie ihre Chefin zum ersten Mal ungeschminkt und in einen Bademantel gehüllt im Hotelzimmer sitzen. Völlig offen gewährt Miranda Andy einen Blick hinter ihre professionelle Fassade und offenbart ihr ihre bevorstehende Scheidung und ihre Sorge über die daraus resultierende Schlammschlacht in den Medien und den Effekt auf ihre Kinder. Doch hat Miranda nicht vor, deshalb ihre Arbeit in Paris zu vernachlässigen. Und als Andy Miranda fragt, ob sie etwas für sie tun könne, antwortet diese ihr: *„Ihren Job."*

Während eines Empfangs verkündet Miranda dann, dass Jacqueline zukünftig die Geschäftsführung eines anerkannten Designers übernehmen wird. Der Leidtragende dieser Entwicklung ist Nigel, der den Posten bereits seit geraumer Zeit angestrebt hatte. Als Andy Miranda darauf hinweist, erklärt ihr diese, dass sie schon seit längerer Zeit von dem geplanten Wechsel gewusst habe und Jacqueline deshalb absichtlich für den Geschäftsführerposten empfohlen habe. Sie stellt auch klar, dass sie Nigel gegenüber nicht anders gehandelt habe als Andy gegenüber Emily, und dass man auf der Leiter des Erfolgs nicht auf die Gefühle Einzelner Rücksicht nehmen könne. Erschrocken realisiert Andy, dass sie auf dem besten Weg ist, selbst wie Miranda zu werden, kündigt fristlos und bewirbt sich bei einer Zeitungsredaktion.

Auch trifft sie sich wieder mit Nate, von dem sie sich in der Zwischenzeit getrennt hatte. Sie gibt ihm gegenüber zu, dass der Job bei Miranda sie negativ verändert hat und *„dass er mit allem Recht hatte"*. Nate gesteht ihr, dass er zwischenzeitlich eine vielversprechende Stelle in Boston angenommen hat. Andy zeigt sich erfreut über seinen beruflichen Erfolg, und Nate ist zuversichtlich, dass sie ihrer Beziehung trotz der Distanz eine neue Chance geben können.

Während des Vorstellungsgesprächs bei der Zeitungsredaktion beschreibt Andy ihre Zeit bei Miranda als *„gute Schule"* und erfährt, dass diese auf die Anfrage nach Referenzen seitens der Redaktion ein Fax geschickt hätte auf dem stand, *„dass Andy von all ihren bisherigen Assistentinnen bei weitem ihre größte Enttäuschung für sie war und dass der Redakteur ein Idiot wäre, falls er Andy nicht einstellen würde"*.

Als Andy und Miranda sich ein letztes Mal auf der Straße begegnen, schenkt Andy ihrer früheren Chefin ein anerkennendes Lächeln. Miranda nimmt dies in ihrer gewohnt kühlen Art auf, steigt in ihre Limousine und ringt sich zu einem wohlwollenden Lächeln durch.

1. Darstellung

Wie im vorangegangenen Beispiel zeigt bereits die Einführung der beiden Hauptfiguren ihre Unterschiede deutlich auf. Während Andy in betont lässiger Kleidung zur New Yorker U-Bahn hetzt und sich unterwegs noch ihr Frühstück in den Mund stopft, gleicht die Ankunft Mirandas in der Redaktion dem Einzug einer Königin. Die Nachricht, dass Miranda früher als erwartet ins Büro kommen wird, versetzt die gesamte Redaktion in das emsige Treiben eines Bienenstocks. *„Auf geht's, Mädels. Rafft eure Röcke!"*, kündigt Nigel die Chefin an, und schon werden bequeme Straßentreter gegen schicke Absatzschuhe getauscht, wird der Lippenstift noch einmal korrekt nachgezogen, werden die neuesten Modemagazine millimetergenau auf Mirandas Schreibtisch zurechtgerückt. Alles muss perfekt sein. So perfekt wie Miranda selbst, die inzwischen, in einen schwarzen Mantel gehüllt, aus einer Limousine steigt. Ihr Haupt von einem silberweißen Kurzhaarschnitt gekrönt und ihre Augen hinter einer Sonnenbrille verborgen, betritt sie wortlos den Fahrstuhl. Eine bereits darin befindliche Angestellte räumt sogleich mit entschuldigenden Worten das Feld, so dass Miranda ungestört nach oben in die Redaktion fahren kann.

2. Führungsstil

Mirandas Führungsstil ist eindeutig autoritär geprägt, und ihre Position verlangt es auch. Seit Jahrzehnten gilt sie als die führende Expertin in der Branche, und ihr Urteilsvermögen hat so viel Gewicht, dass Designer ganze Kollektionen verwerfen, weil sie nicht den hohen Maßstäben Mirandas entsprechen. Millionen von Umsatz und unzählige Jobs hängen von ihren Entscheidungen ab. Kurzum, Miranda hat ihren Status verdient. Und sie ist intelligent genug zu wissen, dass sie nur so stark ist wie das Team, das sie um sich geschart hat. Dementsprechend stellt sie auch hohe Anforderungen an ihre Assistentinnen, die von außen betrachtet leicht als bloße Schikane bezeichnet werden könnten. Und doch lässt sich die Vorgehensweise Mirandas stets mit der Absicht begründen, ihre Assistentinnen gezielt auf wichtigere Aufgaben mit größerer Verantwortung vorzubereiten. Die gleiche Strategie zeigt auch bei den Designern Erfolg. Mirandas versierte Kritik an ihren Kollektionen zwingt sie immer wieder dazu, mit besseren Entwürfen zurückzukommen, die ihnen am Ende auch den gewünschten Erfolg einbringen. Mirandas Wohlwollen gegenüber ihrem Team zeigt sich aber auch in ehrlichem Lob für entsprechend gute Leistungen, und so honoriert sie am Ende des zweiten Akts die verbesserte Arbeitseinstellung Andys mit der Reise nach Paris. Schließlich hat Miranda aber auch hohe Erwartungen an sich selbst. Als sie sich im Lauf der Handlung mit dem Ende ihrer Ehe und der darauf folgenden Schlammschlacht in den Medien auseinandersetzen muss, bleibt sie in ihrer Arbeit stets professionell und würde nicht im Traum daran denken, deswegen einen Geschäftstermin abzusagen.

Anders als Katharine in WORKING GIRL ist Miranda auch bemüht, wertvolle Allianzen zu bilden. Während Katharine versucht andere beruflich auszubremsen, versteht Miranda es perfekt, durch ihre Solidarität zugleich auch ihre eigene Stellung zu sichern. So droht sie dem Herausgeber des Magazins damit, im Falle ihrer Demontage einflussreiche Kontakte mitzunehmen. Durch die geschickte Bewältigung dieses Konflikts schafft sie es sogar, ihre Konkurrentin Jacqueline letztendlich zu einer Verbündeten werden zu lassen, indem sie sie für eine leitende Stelle bei einem Designer empfiehlt und sich damit Jacquelines zukünftige Loyalität sichert.

Was ihr Verhältnis zu Andy angeht, so erkennt und akzeptiert Miranda am Ende des Films deren persönliche Prioritäten, indem sie Andy durch ihre Empfehlung an die Zeitungsredaktion weiterhin in ihrem beruflichen Werdegang unterstützt. Andy wiederum lernt von Miranda wertvolle Lektionen in Sachen Einsatz und Professionalität, die sich bei der Verfolgung ihrer weiteren Karriereziele mit Sicherheit als nützlich erweisen werden.

Während Miranda vor allem die Frauen in ihrem beruflichen Umfeld fördert, opfert sie gleichzeitig Nigels berufliches Fortkommen. Dieser hatte jahrelang hart gearbeitet und geduldig auf seine Chance gewartet, nur um dann herauszufinden, dass eine Entscheidung zu seinen Ungunsten getroffen wurde. Das Rollenverhältnis wird hier umgedreht. Miranda verfolgt eine als traditionell männlich verstandene Strategie, indem sie Macht beansprucht und Entscheidungen trifft. Nigel dagegen verkörpert die passive Haltung, die so viele Frauen im realen Berufsleben an den Tag legen und an der sie letztendlich scheitern.

Wie in dem anfangs angeführten älteren Beispiel, existiert aber auch in Mirandas Privatleben eine andere Beziehungsdynamik. Als ihre Assistentin Andy ihr nämlich den Entwurf für die nächste Ausgabe des Magazins nach Hause bringt, entdeckt sie dass dort Mirandas Ehemann den Ton angibt. Auch hier gibt es einen offensichtlich auf Mirandas Karriereengagement basierenden Konflikt. Ein Echo davon sehen wir auch in Andys Beziehung zu ihrem Freund, der zwar seine eigene Arbeit sehr ernst nimmt, ihr aber vorwirft, zu viel Zeit in ihre Karriere zu investieren.

3. Wertesystem

Im späteren Handlungsverlauf münden die unterschiedlichen Wertesysteme Mirandas und Andys in einen Konflikt, der schließlich das Ende ihrer Arbeitsbeziehung einläutet. Um ihren eigenen Job zu retten, ist Miranda dazu bereit, den beruflichen Traum Nigels platzen zu lassen, auch wenn sie das unbeliebt macht. Sie ist unangepasst, fühlt sich wohl in ihrer Machtposition und tut alles, um sie nicht zu verlieren. Sie zahlt dies jedoch mit dem Preis des Scheiterns ihrer Ehe, und wir sehen sie zum letzten Mal, als sie einsam in ihrer Limousine sitzt.

Dankbar für alles was sie von Miranda gelernt hat, vertritt die Protagonistin Andy aber letztendlich andere Ansichten. Sie definiert sich nicht ausschließlich über Erfolg, sondern auch über die Zuwendung anderer. Während ihrer Anstellung bei Miranda kommt es immer wieder zu Auseinandersetzungen mit ihrem privaten Umfeld. Als Andy erkennt, dass ihr die private Unterstützung und die Meinung anderer wichtig sind, zieht sie die Notbremse und entscheidet sich – im Gegensatz zu Tess aus WORKING GIRL – für einen anderen Weg als den ihrer Vorgesetzten. Im Gegensatz zu Miranda vertritt sie eher die Machtansichten einer patriarchalischen Gesellschaft, in der sich die Frau einer männerorientierten Welt anpasst. Wir sehen dies am Ende der Handlung verdeutlicht, als Andys Freund Nate seinen eigenen Karriereplänen Priorität über seine Beziehung zu Andy einräumt und sie dies nicht in Frage stellt. Auch in der Zeitungsredaktion wird Andy zukünftig für einen männlichen Vorgesetzten arbeiten und scheint zufrieden mit dieser Entwicklung – vielleicht auch, weil sie damit endlich den beruflichen Vorstellungen ihres Vaters für sie entspricht.

4. MEDIALE REZEPTION

THE DEVIL WEARS PRADA gehört mit einem weltweiten Einspielergebnis von 325 Millionen Dollar zu den erfolgreichsten Filmen der Schauspielerin Meryl Streep. Er wurde mit positiven Kritiken überschüttet und es gab sogar eine Oscar-Nominierung für die Hauptdarstellerin. Dabei fiel das Urteil der Medien in Bezug auf Miranda eindeutig aus. Angespornt vom Titel und dem Werbematerial, das einen roten Stiletto mit Dreizack-Absatz darstellt, wurde Miranda als Prototyp der despotischen Chefin ausgerufen. Vergleiche wurden bemüht zwischen der Filmfigur und ihrem möglichen Vorbild im wahren Leben, der Chefredakteurin der amerikanischen Vogue, Anna Wintour. Diese genießt einen ebenso Ehrfurcht gebietenden Ruf in der Presse wie ihre Filmversion.

Doch hält dieses öffentliche Bild der machthungrigen, alles kontrollierenden Vorgesetzten wirklich stand? Miranda hat sicherlich hohe Standards und verfolgt diese mit Nachdruck. Ihre Vorgehensweise ist jedoch keineswegs destruktiv ausgerichtet und der Erfolg gibt ihr letztlich recht. Dagegen wird die Figur des cholerischen Hollywood-Agenten Ari Gold im amerikanischen Serienhit ENTOURAGE[17], die ebenfalls auf einem realen Vorbild basiert, geradezu für ihr rücksichtsloses Vorgehen glorifiziert und hat eine große Fangemeinde. Hier ist der Doppelstandard in der öffentlichen Wahrnehmung nicht von der Hand zu weisen.

17 ENTOURAGE: Idee: Doug Ellin, USA, HBO 2004–2011.

ERFOLG UM JEDEN PREIS: DAMAGES (2007–2012)

Aber nicht nur auf der Kinoleinwand existieren Frauen, die keine Angst vor Macht haben. In den letzten Jahren tendieren US-Serien zu dunklen Dramen mit oft fadenscheinigen Hauptfiguren, die aber überwiegend männlich sind, wie zum Beispiel die Serie HANNIBAL[18]. Doch die nach Erfolg geradezu süchtige Patty aus der Anwaltsserie DAMAGES[19] kann in Sachen Skrupellosigkeit locker mit ihnen mithalten.

Die Pilotfolge EIN TRAUMJOB beginnt mit der jungen Anwältin Ellen, die in Panik und blutverschmiert durch die Straßen Manhattans rennt, bevor sie zur Polizei gebracht wird. Ein Flashback enthüllt, dass sie sechs Monate zuvor eine Stelle in der Anwaltskanzlei von Patty Hewes angetreten hatte. Davor erhielt sie ein überaus großzügiges Angebot der angesehenen Kanzlei Nye, doch zögerte sie aufgrund eines bevorstehenden Interviews mit Patty. Nye suchte daraufhin Ellen bei einer Verabredung mir ihrem Freund David auf und warnte sie eindringlich davor, für Patty zu arbeiten: *„Ist das Ihr Freund? ... Es wird nicht genug Platz für ihn und Patty geben, nicht mal genug Platz für Sie und Patty. Für Patty Hewes gibt es nur Patty.“* Als er keinen Erfolg damit hat, fordert er Ellen auf, die Rückseite seiner Visitenkarte zu unterschreiben. Ellen hält dies für einen Scherz, tut es aber. Nye fügt einige Worte hinzu und reicht Ellen die Karte. Über ihrer Unterschrift steht geschrieben: *„Ich wurde gewarnt.“*

Als sich herausstellt, dass Ellens Vorstellungsgespräch am selben Tag wie die Hochzeit ihrer Schwester stattfinden soll, ist sie zunächst hin- und hergerissen. Schließlich entscheidet sie sich für die Hochzeit. Umso überraschter ist sie, als Patty auf der Feier auftaucht und ihr mitteilt, dass Ellen der

18 HANNIBAL: Idee: Bryan Fuller, USA, NBC seit 2013.

19 DAMAGES (Damages – Im Netz der Macht): Idee: Todd A. Kessler, Glenn Kessler, Daniel Zelman. USA, FX 2007–2012.

erste Mensch ist, der dumm genug war, ihr einen Korb zu geben. Aus dem Stegreif analysiert Patty Ellens Konflikt zwischen beruflichem Ehrgeiz und Loyalität zur Familie. Als Ellen um eine zweite Chance für das Vorstellungsgespräch bittet, entgegnet ihr Patty, dass dies reine Zeitverschwendung sei, denn: *„Sie haben den Job."*

Der erste Fall, an dem Ellen und Patty nun gemeinsam arbeiten, dreht sich um den Industriellen Frobisher, welcher der Korruption verdächtigt wird. Patty lehnt jeden noch so großzügigen Vergleich Frobishers ab. Und schon bald stellt sich heraus, dass Patty Ellen mit der Absicht angeheuert hat, durch sie an eine wichtige potentielle Zeugin im Fall heranzukommen – Katie, die Schwester von David, mit dem sich Ellen gerade verlobt hat. Um ihr Schweigen zu erkaufen, hat Frobisher in Katies neues Restaurant investiert. Doch Katie fühlt sich zunehmend von Frobishers Leuten verfolgt und vertraut sich schließlich Ellen an. Als Katie wenig später ihren geliebten Hund vergiftet vorfindet, verdächtigt sie sofort Frobisher, sie unter Druck setzen zu wollen, und entschließt sich gegen ihn auszusagen.

Unterdessen hat Ellen Pattys Motivation für das Stellenangebot in ihrer Kanzlei durchschaut und wendet sich an Tom, einen früheren Mitarbeiter Pattys, den diese kürzlich vor Ellens Augen überraschend gefeuert hatte: *„Sie sind der Einzige dem ich trauen kann."* Tom versucht sie zu beschwichtigen.

Doch Ellen hat Patty sogar noch unterschätzt. Denn wenig später trifft sich Tom, der insgeheim immer noch für Patty arbeitet, mit dieser und übergibt ihr das Halsband des toten Hundes. Pattys Plan, diesen töten zu lassen, um den Verdacht auf Frobisher zu lenken und so Katies Aussage gegen ihn zu sichern, war ein voller Erfolg.

Die Folge endet wieder in der Gegenwart mit der Enthüllung, dass Ellens Verlobter tot in ihrer gemeinsamen Wohnung aufgefunden und Ellen des Mordes an ihm beschuldigt wird.

1. Darstellung

Zu Beginn der Handlung sehen wir Ellen, wie sie geschockt und mit Blut an den Händen durch die Straßen von New York läuft. Kontrastiert wird dies mit der Szene, als ihr sechs Monate zuvor ein lukratives Arbeitsangebot der renommierten Kanzlei Nye unterbreitet wird. Doch Ellen zögert, und als die Gegenseite erfährt, dass sie mit dem Gedanken spielt für Patty Hewes' Kanzlei zu arbeiten, zieht sie das Angebot zurück. Die Botschaft ist klar: Wer die Chance erhält für Patty zu arbeiten, für den sind alle anderen Angebote uninteressant.

Von Patty sehen wir zu Anfang vergleichsweise wenig. Ihre Figur wird in einer kurzen Szene eingeführt, in der sie geschickt eine Vergleichssumme in die Höhe treibt. Stattdessen hören wir was andere über sie denken, und das lässt nichts Gutes erahnen. Dies gipfelt in der von Ellen unterzeichneten Karte mit den Worten *„Ich wurde gewarnt“*.

Auf der Hochzeitsfeier greift Patty Ellen dann aus dem Hinterhalt an und gibt ihr den Job trotz Absage des Interviews. Ellen in ihrem Team zu haben, ist das klare Ziel Pattys, und dafür tut sie alles was notwendig ist – auch wenn es der Besuch einer Familienfeier ist, die sie normalerweise zutiefst verabscheut.

So wird bereits zu Beginn eindeutig zwischen den beiden differenziert. Ellen agiert eher vordergründig und geradlinig. Doch weiß sie nie so recht, was sie von den Vorkommnissen halten soll. Patty dagegen agiert eher verdeckt. Sie bleibt somit als Figur ungreifbar, behält aber jederzeit die Kontrolle über die Situation. Darüber hinaus wird angedeutet, dass Ellen Patty zwar in puncto Intelligenz und Ehrgeiz in nichts nachsteht, doch auch viel von Patty lernen könnte, und dass dies wohl zu einem gewissen Preis geschehen wird – einem Preis, den Ellen noch nicht kennt und den sie mit Blut an den Händen und einer Anklage wegen Mordes bezahlen wird.

2. Führungsstil

Perfekt den Archetyp des „Gestaltwandlers" verkörpernd, geht Patty stets instinktiv vor und spielt nie mit offenen Karten. Sie beherrscht das Spiel der Manipulation perfekt. Geduldig erwartet sie die Reaktion ihres Gegners, während sie hinter den Kulissen geschickt die Fäden in der Hand behält. Anstatt sich in der traditionell männlichen Art dem Kampf direkt zu stellen, um Stärke zu demonstrieren, zieht sie es vor diese zu verbergen, um ihren Gegner in vermeintlicher Sicherheit zu wiegen und dann im geeigneten Moment zuschnappen zu können.

Und Ellen lernt schnell von ihrer Mentorin. Zu Beginn der Handlung zeigt sich bereits ihr Ehrgeiz, als sie das Angebot einer anderen Kanzlei für die Chance ausschlägt, mit Patty zu arbeiten. Ellen weiß, dass Pattys Kanzlei den besten Ruf hat und ihr somit die besten Voraussetzungen auf beruflichen Aufstieg bietet. Jedoch ist dieser Ehrgeiz gepaart mit der Tendenz es allen recht machen zu wollen. So entscheidet sie sich ihre Schwester nicht zu enttäuschen und an deren Hochzeit teilzunehmen, auch wenn dies bedeutet, dass sie ihr Interview mit Patty absagen muss. Hier besteht eine Parallele zu Tess und Andy aus den oben genannten Beispielen. Sie alle stehen für das brave Mädchen, das sich anpasst. Und sie alle lernen von ihren Mentorinnen, dass nicht Fleiß und Geduld zum Erfolg führen, sondern der Mut, auch unpopuläre Entscheidungen zu treffen und die Erkenntnis, dass jeder sich selbst der Nächste ist.

Was das Verhältnis zu Männern angeht, so scheut sich Patty generell nicht davor, diese für ihre Zwecke zu benutzen. Ein Beispiel dafür ist Tom, der im Laufe der ersten Staffel mehrmals zum Spielball Pattys wird und ihr doch jederzeit gefügig zu Diensten steht. So rät Patty auch Ellen dazu, der Karriere gegenüber dem Privatleben Priorität einzuräumen, gleichzeitig aber ihrem Verlobten immer das Gefühl zu geben, an erster Stelle zu stehen.

Zu Anfang der Serie scheinen beide Figuren erfolgreich in Beruf und Privatleben. Patty ist nicht nur eine glänzende Anwältin, sondern hat auch einen Mann an ihrer Seite, der sie für ihren Ehrgeiz und Intellekt zu respektieren scheint. Und auch Ellens Zukunft sieht rosig aus, als sie kurz nach ihrem Arbeitsantritt bei Patty einen Heiratsantrag von ihrem Freund David annimmt. Doch mit der Zeit treten in Pattys Ehe Parallelen zu Miranda aus THE DEVIL WEARS PRADA auf. In beiden Beispielen ringen die männlichen Partner damit, an der Seite einer beruflich erfolgreichen Frau zu leben, und beide Ehen enden schließlich aufgrund dieses Konflikts. Und für Ellen kommt es noch schlimmer: Je tiefer sie in Pattys Machenschaften verwickelt wird, desto zerrütteter wird ihre Beziehung zu ihrem Verlobten. Dies kulminiert in Pattys fehlgeschlagenem Mordanschlag auf Ellen, bei dem David ums Leben kommt. Auch hier zeigt sich somit ein düsteres Bild, was die Vereinbarkeit von Karriere und Privatleben angeht.

3. WERTESYSTEM

Mehrfach umgeht Patty im Laufe des Geschehens nicht nur das Gesetz, sondern auch moralische Konventionen, um ihren Fall zu gewinnen. Sie lässt nicht nur ihre Beziehungen spielen, sondern schreckt auch vor Erpressung und Mord nicht zurück. Um sich die Aussage einer wichtigen Zeugin zu sichern, lässt sie heimlich deren Hund vergiften und es so aussehen, als sei die gegnerische Seite dafür verantwortlich. Und schließlich macht sie auch vor ihrem eigenen Team nicht Halt. So feuert sie ihren Mitarbeiter Tom als strategischen Schachzug, und auch Ellens Anstellung erweist sich nur als Vorwand, Zugang zu einer wichtigen Zeugin im Fall zu erhalten.

Beeindruckt von Ellen, behält Patty sie jedoch auch nach Erfüllung dieses Zwecks in ihrem Team. Doch als Ellen sich im Verlauf des Falls durch ihr Mitwissen immer mehr als Bürde für Patty erweist, setzt diese kurzerhand einen Auftragsmörder auf Ellen an.

Dies ist noch bemerkenswerter unter dem Umstand, dass Ellen während der Handlung mehr und mehr zu einer Art Ersatztochter für Patty wird. Denn Patty trägt ein dunkles Geheimnis mit sich. Konfrontiert mit einer ungeplanten Schwangerschaft während ihres Studiums, ignorierte sie die Anweisungen ihres Arztes sich zu schonen und führte so eine Fehlgeburt herbei. Der Verlust ihrer Tochter ist das erste einer langen Reihe privater Opfer, die Patty für ihre Karriere bringt. Diese münden später im Verlauf der Serie in das Zerbrechen ihrer Ehe und den Tod ihres Sohnes, der durch Pattys Machenschaften unbeabsichtigt ums Leben kommt. Hier wird eine Parallele zu Pattys erster Schwangerschaft gezogen, doch die Schuldgefühle wegen der von ihr verursachten Fehlgeburt zeigen sich am deutlichsten in Pattys Beziehung zu Ellen. Intelligent und ehrgeizig wie sie selbst, und ungefähr in dem Alter, in dem ihre Tochter jetzt wäre, fühlt sich Patty Ellen tief verbunden. Als sie beginnt an Ellens Loyalität zu zweifeln und sich gezwungen sieht, einen Auftragsmörder auf sie anzusetzen, ist Patty sichtlich aufgewühlt. Wieder wird der Bogen zu Pattys seelischem Trauma gespannt und wieder einmal stellt Patty ihre Karriere über menschliche Beziehungen. Ihr Bedürfnis zu siegen ist schon fast als pathologisch einzuordnen.

Ellen wird durch Pattys Einfluss ihrer Vorgesetzten immer ähnlicher. So versucht sie einen Zeugen zu einer Aussage zu bewegen, indem sie ihm Schutz verspricht, den sie in Wirklichkeit nicht gewährleisten kann. Und als sie auf Pattys Anraten schonungslos einen Assistenten feuert, zeigt sich dass auch Ellen die Ausübung von Macht genießt. Diese charakterliche Entwicklung führt aber auch dazu, dass sie Patty bald durchschaut und misstraut. Als Ellens Verlobter durch den von Patty auf Ellen angesetzten

Auftragsmörder getötet wird, gerät Ellen zunächst unter Mordverdacht. Mit Pattys Hilfe gelingt es ihr, ihre Unschuld zu beweisen, und sie kehrt wieder an ihren Arbeitsplatz zurück. Doch versucht sie jetzt im Geheimen Patty zur Rechenschaft zu ziehen, indem sie als Informantin für das FBI arbeitet. So lernt Ellen zuerst von Patty die Kunst der Manipulation und Intrige, um sie dann ähnlich wie in WORKING GIRL, mit ihren eigenen Mitteln zu bekämpfen.

Was den weiteren Verlauf der Serie angeht, so existiert auch hier eine Parallele zu THE DEVIL WEARS PRADA. Denn es ist bezeichnend, dass wir sowohl Patty als auch Miranda zum letzten Mal sehen, als diese allein in ihren Limousinen ins Büro gefahren werden. Beide Figuren bezahlen ihren beruflichen Erfolg mit dem Preis der Einsamkeit und dem Verlust von moralischen Werten. Dagegen realisieren Ellen und Andy, dass sie nicht den gleichen Weg beschreiten wollen wie ihre Vorgesetzten. Während Andy jedoch weiter ehrgeizig ihre Karriereziele als Journalistin verfolgt, gibt Ellen am Ende der Serie sogar ihre Anwaltskarriere komplett auf, um eine Familie zu gründen, und folgt damit dem typisch weiblichen Modell, Ehefrau und Mutter zu sein. Sie hat durch ihre Arbeit mit Patty viel dazugelernt, aber ultimativ erkannt, dass sie andere Prioritäten im Leben hat. Doch während die Beziehung von Miranda und Andy im Wohlwollen auseinandergeht, hat Ellen am Ende nur noch Verachtung für ihre ehemalige Mentorin übrig.

4. Mediale Rezeption

Trotz guter Kritiken und zahlreicher Fernsehpreise entwickelte sich die Show nicht zum erwarteten Quotenhit und wurde vom Originalsender nach drei Staffeln an einen kleineren Kanal abgetreten. Langjährige Serienhits wie THE SOPRANOS[20] und MAD MEN[21] entgingen diesem Schicksal, obwohl sich auch ihre Protagonisten durch einen zwielichtigen Charakter auszeichnen.

20 THE SOPRANOS (Die Sopranos): Idee: David Chase, USA, HBO 1999–2007.
21 MAD MEN: Idee: Matthew Weiner, USA, AMC 2007–2015.

Auch SUITS[22], in der ebenso das Verhältnis zweier Anwälte im Vordergrund steht, scheint eine breitere Akzeptanz beim Publikum zu finden. In diesen Beispielen stehen überwiegend männliche Figuren im Mittelpunkt, in einer klar männlich dominierten Welt. Das wirft die Frage auf, warum ein packendes Drama um die Beziehung zweier komplexer Frauenfiguren nicht denselben Anklang findet. Sind mächtige Frauen, die Intrigen spinnen und damit auch noch Erfolg haben, am Ende einfach nicht akzeptabel?

In diesem Zusammenhang ist auch interessant, welche der beiden Hauptfiguren besser als berufliches Vorbild für die Zuschauerinnen dient. Ellen eignet sich zwar aufgrund ihres Charakters eindeutig eher als Identifikationsfigur innerhalb der Handlung, doch es ist Patty, die – trotz oder sogar wegen ihres fragwürdigen Moralverständnisses – beruflichen Erfolg und Ansehen erlangt. Dagegen gibt die intelligente und ehrgeizige Ellen zum Ende der Serie ihren Beruf komplett auf, nachdem sie Mutter einer kleinen Tochter geworden ist. Anders als Patty mit ihrer einst selbst herbeigeführten Fehlgeburt, ist Ellen nicht gewillt, die Beziehung zu ihrer Tochter der Karriere zu opfern. Im Licht dessen was ihr während ihrer Zeit mit Patty passiert ist, ist ihre Entscheidung sicherlich verständlich. Doch die Frage stellt sich, welche tiefergehende Botschaft den Zuschauerinnen hiermit vermittelt wird. Ist ein Kompromiss zwischen Karriere und Familie tatsächlich so unmöglich, dass Frau sich zwangsläufig für die eine oder die andere Option entscheiden muss?

22 SUITS: Idee: Aaron Korsh, USA, USA Network, seit 2011.

SOLIDARITÄT UNTER FRAUEN: BORGEN (2010–2013)

Zu einem Konflikt aufgrund unterschiedlicher Wertesysteme zwischen zwei weiblichen Figuren kommt es auch in einer Episode der dänischen Politikserie BORGEN[23], die von der dänischen Premierministerin Birgitte Nyborg handelt und international große Beachtung fand. Die Serie ist besonders signifikant angesichts der Tatsache, dass nach Ende der Ausstrahlung der ersten Staffel die Realität das Fernsehen eingeholt hat, als in Dänemark zum ersten Mal eine Frau das Amt der Premierministerin übernahm – eine attraktive Mittvierzigerin, verheiratet, mit Kindern und einer linksgerichteten Partei angehörend. Die Parallelen zur Figur Birgitte Nyborg sind unverkennbar.

Als Birgitte in Staffel 1 in der Episode WENN MÄNNER LIEBEN zusammen mit der Wirtschaftsministerin Henriette Klitgaard eine Frauenquote von 50% in Aufsichtsräten durchsetzen möchte, sieht sie sich mit dem Widerstand ihrer Umwelt konfrontiert. So weist ihr Ehemann Phillip sie darauf hin, dass zwei Frauen, die Seite an Seite für die Belange von Frauen kämpfen, nicht ernstgenommen werden. Hier wird klar, dass ein weiblicher Regierungschef bedeutenden Symbolcharakter hat, die Öffentlichkeit aber nicht bereit ist, einer breiten Masse von Frauen Macht und Verantwortung zuzugestehen. Dies wird auch deutlich, als in einer Nebenhandlung die ambitionierte Journalistin Katrine für einen männlichen Kollegen übergangen wird, um ein Fernsehinterview mit Henriette zu führen. Das daraus resultierende Interview strotzt nur so vor Sexismus.

Doch Birgitte ist fest entschlossen und zeigt auch ihre Solidarität mit Henriette, als die von den Großunternehmen kontrollierte Presse über deren

23 BORGEN (Borgen – Gefährliche Seilschaften): Idee: Adam Price, Jeppe Gjervig Gram, Tobias Lindholm, DK, DR1 2010–2013.

Vergangenheit herfällt. Es stellt sich heraus, dass die attraktive Wirtschaftsministerin früher für sexuell freizügige Fotos posiert hatte. Während ein Großteil der Öffentlichkeit und Personen aus dem Regierungskreis, angespornt durch die Medien, Henriette zusehends über ihre Sexualität definieren, verurteilt Birgitte sie nicht aufgrund ihrer Vergangenheit und fokussiert sich auf die erstklassigen Qualifikationen der Ministerin. Jene waren in erster Linie der Grund, warum sie Henriette direkt aus der Wirtschaft in die Regierung abgeworben hatte.

Regierungsintern sieht sich Birgitte mit der Gleichstellungsministerin Pernille Madsen konfrontiert, die sich von ihr übergangen fühlt und andeutet, bei Durchsetzung der Quotenregelung Unruhe im Kabinett stiften zu wollen. Doch davon unbeirrt, verfolgt Birgitte weiter entschlossen ihr Ziel. Auch sieht sie sich zunehmend dem Druck der Wirtschaftsbosse ausgesetzt, die ankündigen, bei Einführung einer Quotenregelung ihre Industriestandorte ins Ausland zu verlegen. Besonnen kontert Birgitte diese Drohung mit Zugeständnissen zum Thema Umweltabgaben und kann sich ihnen gegenüber durchsetzen. Die Quotenregelung tritt in Kraft. Somit haben Birgitte und Henriette gemeinsam einen politischen Erfolg errungen, doch die Freude darüber währt nur kurz.

Denn schon bald stellt sich heraus, dass Henriettes Vita gefälschte Universitätsabschlüsse enthält und die Medien bereits am nächsten Tag darüber berichten wollen. Unter Zugdruck lässt Birgitte die Ministerin zu sich rufen und gibt ihr die Chance, sich zu erklären. Bezeichnenderweise denkt Henriette, dass es sich um ein persönliches Problem zwischen ihr und Birgitte handelt, da sie lange vor Birgittes Ehe mit deren Mann ein Verhältnis hatte. Doch Birgitte lehnt den Einfluss persönlicher Belange mit den Worten *„Damit hat das nichts zu tun, Henriette. Sie sprechen mit der Premierministerin."* entschieden ab. Als Henriette ihr Fehlverhalten auch weiterhin nicht zugeben will, bittet Birgitte sie um ihren Rücktritt vom Amt der

Wirtschaftsministerin und konfrontiert sie mit den gefälschten Papieren. Henriette weist Birgitte darauf hin, dass zahlreiche Männer vor ihr ungestraft ihren Lebenslauf beschönigt hätten und dass sie als Frau gezwungen sei, es ebenfalls zu tun, um neben der männlichen Konkurrenz bestehen zu können. Doch Birgitte lässt dies nicht gelten und entlässt sie aus ihrem Amt. Sie gibt Henriette aber die Möglichkeit, der Öffentlichkeit ihren freiwilligen Rückzug mit dem Druck der Medien zu erklären, damit sie ihr Gesicht wahren kann. Gleichzeitig löst sie gekonnt ihren Konflikt mit Pernille, als sie ihr das Wirtschaftsressort überträgt.

1. Darstellung

Die Episode beginnt damit, dass Birgitte ihrem Ehemann Phillip in der Küche den Gesetzesentwurf der Frauenquote vorlegt. Während sie gespannt auf seine Meinung wartet und scherzhaft mit einem Gürtel in ihrer Hand knallt, ruft von irgendwo eines ihrer Kinder nach dem Vater. Hier ist das Rollenverständnis klar auf den Kopf gestellt. Während sie das Land regiert, kümmert er sich primär um Familie und Haushalt. Wie wir sehen, bedeutet dies jedoch nicht, dass Birgitte auf Phillips Urteil keinen Wert legt. Die beiden begegnen sich klar auf Augenhöhe. Zwischen ihnen existiert ein unkompliziertes Verhältnis von gegenseitigem Respekt und erotischer Anziehung.

Während die Hauptfigur Birgitte ihre Sexualität aber nie gezielt einsetzt, geht Henriette einen anderen Weg. Beide sind sich ihrer Attraktivität bewusst, doch Henriette setzt sie auch gekonnt ein, indem sie zum Beispiel für die Titelseite einer Zeitschrift posiert. Für sie bedeutet Weiblichkeit auch ein Instrument. Doch im Gegensatz zu Birgitte, der der Spagat zwischen Führungskraft und Weiblichkeit mühelos gelingt, tappt Henriette dabei auch in die Falle, dass die Öffentlichkeit sie sexualisiert und damit angreift. Sie erinnert an Katharine aus Working Girl, die ihre Weiblichkeit gegenüber Männern auch auf beruflicher Ebene ausspielt, die aber ultimativ nicht von ihnen respektiert und später fallengelassen wird.

2. FÜHRUNGSSTIL

Birgitte zeichnet sich vor allem durch Besonnenheit und Kompromissfähigkeit aus – Eigenschaften, die ihr erlauben, die Hürden des politischen Alltags gekonnt zu umschiffen. Die Szenen, in denen sie sich mit dem Widerstand von Pernille und den Wirtschaftsbossen konfrontiert sieht, verdeutlichen dies. Auch waren diese Fähigkeiten einer der Gründe dafür, warum es Birgitte überhaupt gelang, nach der Wahl erfolgreich eine Koalition zu bilden und das Amt der Premierministerin zu übernehmen.

Doch anders als zum Beispiel Miranda aus THE DEVIL WEARS PRADA, steht Birgitte für einen kooperativ geprägten Führungsstil. Dies zeigt sich zuerst in ihrer Solidarität mit Henriette, als sie Seite an Seite mit ihr für die Quotenregelung kämpft, obwohl diese zunehmend unter Mediendruck gerät. Als ihre Partnerschaft dann aufgrund von Henriettes Täuschung auf eine Probe gestellt wird, gibt Birgitte ihr erst einmal eine Chance sich selbst zu erklären mit der Versicherung, dass es keinerlei Konsequenzen nach sich ziehen wird. Erst als die Wirtschaftsministerin ihren Fehler immer noch nicht zugeben will, entscheidet sich Birgitte Henriette aus ihrem Amt zu entlassen. Doch auch dies geschieht mit einem Kompromiss. Anstatt der Öffentlichkeit die wahren Gründe für Henriettes Rückzug mitzuteilen, erlaubt Birgitte ihr, ihren Rücktritt mit dem Presserummel um ihre Person zu begründen. So gelingt es Birgitte nicht nur Henriette vor erneuter Medienkritik zu schützen, sondern auch ihr eigenes Gesicht sowie ihre politische Macht zu bewahren.

Birgittes berufliches Verhältnis zu Männern weist keinerlei Unterschiede auf zu ihrer Beziehung zu Frauen. Zwar ist sie gewillt, Seite an Seite mit Henriette in den Kampf um die Frauenquote zu ziehen, und verteidigt diese gegen sexistische Angriffe von Seiten der Männer. Doch als Birgitte sich von Henriette getäuscht sieht, zieht sie sofort einen Schlussstrich unter ihr Bündnis. Persönliche Integrität hat für Birgitte dann doch eine größere Bedeutung als Solidarität unter Frauen.

Kompromissfähigkeit spielt auch im Privatleben Birgittes eine große Rolle. Zu ihrem Amtsantritt vereinbarten sie und ihr Mann Phillip, dass er sich während ihrer Regierungszeit verstärkt um den Haushalt und die Familie kümmern wird, denn beiden ist wichtig, ihren Kindern auch weiterhin ein Gefühl der Normalität zu vermitteln. Doch während der ersten Staffel wird schnell klar, dass Birgittes Arbeit weitere Opfer von Phillip fordern wird. Aufgrund ihres vollen Terminplans schlägt Birgitte ihm vor, von nun an Sex im Kalender einzutragen: *„Aber wenn wir ein paar feste Tage hätten, zum Beispiel Dienstag oder Samstag ...“* Und schon bald sieht sich Phillip gezwungen, seinen angesehenen Job in der Wirtschaft aufzugeben, damit dieser Birgitte nicht politisch angreifbar macht. Schließlich fühlt sich auch Phillip, wie die männlichen Partner aus den bereits erwähnten Beispielen, überfordert, an der Seite einer so mächtigen Frau zu stehen. Auch er flüchtet sich in eine Affäre, die eine Scheidung nach sich zieht.

3. Wertesystem

Ein Schwerpunkt der Handlung ist die berufliche Partnerschaft von Birgitte und Henriette, die später durch einen Wertekonflikt ein jähes Ende findet. Denn Birgitte ist zumindest zu Beginn ihrer Amtszeit auch eine Idealistin, die ihren Regierungsauftrag in erster Linie als Verantwortung versteht, die Gesellschaft zum Positiven zu verändern. Ehrlichkeit dem Volk, den Regierungsmitgliedern und auch sich selbst gegenüber besitzt somit einen großen Stellenwert für sie.

Ähnlich wie für Katharine aus WORKING GIRL oder Patty aus DAMAGES rechtfertigt für Henriette dagegen der Erfolg die Mittel. Sie verkörpert den Pragmatismus, der für beruflichen Erfolg zwar ebenfalls notwendig ist, der aber in diesem Fall zu einem ethischen Konflikt zwischen den Figuren führt. Daher betrachtet sie es als geradezu notwendig, an ihrem Lebenslauf herumzudoktern, um mit der männlichen Konkurrenz mithalten zu können: *„Aber das musste ich am Anfang so machen, damit ich überhaupt in*

Betracht komme für die richtigen Jobs. ... Was ich hier getan habe, haben viele talentlose Männer schon immer getan." Doch Birgitte lässt die Tatsache, dass Männer ebenso lügen und betrügen, nicht gelten: *„Ja, aber ich brauche keinen talentlosen Mann. Ich brauche eine kompetente Frau."* Denn Birgitte ist sich bewusst, dass Frauen in Machtpositionen eben auch eine besondere Verantwortung tragen, es besser als ihre männlichen Pendants zu machen und sich gegebenenfalls auch gegenseitig Rechenschaft abzuverlangen.

4. Mediale Rezeption

Gerade in den letzten Jahren stoßen skandinavische Serien wie Borgen auch international auf ein großes Echo bei Publikum und Kritik. Darüber hinaus könnte eine solche Show vielleicht langfristig zu einer wachsenden Akzeptanz von weiblichen Regierungschefs beitragen. Die Wichtigkeit einer realistischen und positiven Darstellung ist daher nicht von der Hand zu weisen.

Doch es gelingt der Serie auch, brisante Themen wie Sexismus aufzugreifen, ohne zu polarisieren. Und die Tatsache, dass in der Serie ein weiblicher Regierungschef zwar Signalfunktion hat, dass der Öffentlichkeit aber ein Frauenthema von zwei Politikerinnen nicht ohne Kontroverse präsentiert werden kann, erinnert uns daran, dass die gesellschaftliche Entwicklung hier noch lange nicht am Ziel ist.

DIE VORGESETZTE ALS PARTNERIN: DANNI LOWINSKI (2010–2014)

Eine weitere Vertreterin des kooperativen Führungsstils findet sich in der Fernsehserie DANNI LOWINSKI[24]. Der Komödienhit ist eine der wenigen deutschen Serien, die ein internationales Echo hervorriefen und in zahlreichen anderen Ländern wie Belgien oder den Niederlanden adaptiert wurde.

In der Premiere NEUES LEBEN erfahren wir, dass die Hauptfigur Danni eine gelernte Friseurin ist, die nach Abitur in der Abendschule und Jurastudium gerade ihr Staatsexamen abgelegt hat und nun zielstrebig ihre Karriere verfolgt. Als sie aufgrund ihres ungewöhnlichen beruflichen Werdegangs mit ihrer Bewerbung bei allen Kanzleien abblitzt, wählt sie den Weg in die Selbständigkeit. Sie überzeugt die Leiterin einer Einkaufspassage, sie im Untergeschoss einen Klapptisch aufstellen zu lassen, um den Passanten Rechtsberatung für einen Euro pro Minute anzubieten.

Ihre erste Mandantin ist die Philippinin Mayumi, die nach fünf Jahren als Putzfrau bei dem wohlhabenden Ehepaar Winkler wegen ihres Rheumas mit 500 Euro Abfindung vor die Tür gesetzt wurde. Trotz des Tatbestands der Schwarzarbeit versucht Danni eine angemessene Entschädigung für sie zu erwirken. Dabei trifft sie Dr. Oliver Schmidt wieder, einen Schnösel aus der Anwaltskanzlei, bei der sich Danni zu Anfang erfolglos beworben hatte. Danni lässt sich durch dieses Wiedersehen erst einmal ins Boxhorn jagen und versichert den Winklers, nicht vor Gericht gehen zu wollen. Später rät ihr Dr. Oliver Schmidt davon ab, solche Aussagen zu machen, da man sie sonst nicht ernst nehmen würde. Danni ärgert sich über sich selbst, nimmt den Rat aber an.

24 Danni Lowinski: Idee: Marc Terjung, D, Sat.1 2010–2014.

Eine positive Wende im Fall bahnt sich an: Als Danni von Mayumi auf den polnischen Straßenarbeiter Marek hingewiesen wird, der bezeugen kann, dass Mayumi bei den Winklers gearbeitet hat, sucht sie diesen auf. Marek hält sie aufgrund ihrer sexy Kleidung erst einmal für ein leichtes Mädchen und zeigt sich unwillig, Danni bei ihrem Fall zu helfen. Doch mit einem geschickten Einsatz ihrer eigenen polnischen Herkunft und einem Appell an die Solidarität – *„Wir müssen doch zusammenhalten. Was ist mit Solidarnosc? Lech Walesa in Dansk auf der Werft, der hat auch nicht gesagt, das ist nicht mein Problem."* – gelingt es Danni bei einem gemeinsamen Bier, ihn zu einer Aussage zu überreden. Vor Gericht kommt es jedoch zu einem Desaster, als Marek aufgrund seiner eigenen Schwarzarbeit plötzlich die Aussage verweigert.

Emotionale sowie praktische Unterstützung erhält sie von ihrer besten Freundin Bea, die in der Einkaufspassage als Barista arbeitet, sowie dem dort ansässigen Masseur Nils und dem Inhaber des Schlüsseldienstes Rasoul. Schließlich gelingt es Danni, die Zettel mit den aufgetragenen Arbeiten für Mayumi aus dem Papiermüll der Winklers zu stehlen. Da sie nun Mayumis Anstellung vor Gericht beweisen kann, gewinnt sie den Fall und auch den Respekt von Dr. Oliver Schmidt.

1. Darstellung

Danni zeichnet sich nicht nur durch enormen Ehrgeiz aus, sondern auch durch ihre Authentizität. So trägt sie schon mal Pullunder mit Herzchen-Motiv zum Vorstellungsgespräch in einer Kanzlei und geht dann eben ohne Job wieder raus. Und es kann ihr durchaus passieren, dass sie in Minirock und Polyesterbluse von Bauarbeitern für eine Bordsteinschwalbe gehalten wird. Aber Danni denkt gar nicht daran, nur ihres Berufs wegen in einen Hosenanzug zu steigen. Vielleicht mag das nicht sehr professionell wirken, aber Danni ist wie sie ist. Im Gegensatz zu Katharine und Henriette setzt sie ihre zur Schau gestellte Weiblichkeit auch nie gezielt ein. Sie ist vielmehr ein Teil ihres Charakters, der während der Handlung wiederholt dazu führt, dass sie von anderen unterschätzt wird, der jedoch nie im Konflikt mit ihrer Kompetenz steht.

Auch in THE DEVIL WEARS PRADA legt die Protagonistin Andy nicht viel Wert auf ihre Kleidung, was sich bei ihrer Arbeit in der Redaktion einer Modezeitschrift natürlich als Stolperstein erweist. Sie lernt damit eine wichtige Lektion in Sachen Professionalität, deren Mangel man natürlich auch Danni vorwerfen kann. Diese scheitert zu Beginn aufgrund ihres Auftretens bei mehreren Vorstellungsgesprächen in schicken Kanzleien. Es ist jedoch zweifelhaft, ob Danni dort überhaupt reingepasst und sich wohlgefühlt hätte. Nach diesen ersten Niederlagen schafft sie es jedoch, sich ihr ungehobeltes Auftreten und unprätentiöses Äußeres sogar zum Vorteil zu machen, indem sie den Mandanten auf Augenhöhe begegnet und es ihr leicht gelingt, das Vertrauen zögerlicher Zeugen zu bekommen.

2. FÜHRUNGSSTIL

Da Danni im Gegensatz zu Miranda aus THE DEVIL WEARS PRADA oder Birgitte aus BORGEN keine offiziellen Mitarbeiter beschäftigt, müssen eben die ohnehin bereits vorhandenen Angestellten Bea, Rasoul und Nils aus der Einkaufspassage herhalten. Und so ist Dannis Vater völlig erstaunt, als er bei einem Besuch von der Barista Bea einen Rundgang durch „ihr Büro“ erhält. Stolz erzählt sie: *„Bei Rasoul steht das Fax und Telefon, Nils weiß einfach viel, und ich bring denen manchmal Kaffee.“* Aber Bea versorgt Danni und ihr Team im Laufe der Serie nicht nur mit Kaffee, sie erledigt auch Botengänge und assistiert bei kniffligen Aufgaben wie nächtlichen Schuleinbrüchen zwecks Informationsbeschaffung. Und Rasoul vom Schlüsseldienst stellt Danni nicht nur Telefon und Fax zur Verfügung, sondern liefert auch einen Stellplatz für ihr Material, wertvolle Ideen und illegale Schlüsselkopien. Der Betreiber des Massagesalons Nils ist für die Recherche zuständig, und seine Massagestühle fungieren gleichzeitig als Warte- und Besprechungszimmer.

In Dannis Mitarbeiterstab existiert somit eine klare Aufgabenverteilung. Und doch geht sie in puncto Personalmanagement sehr locker vor. Anstatt die Rolle einer Vorgesetzten zu übernehmen, begegnet Danni auch ihren Mitarbeitern auf Augenhöhe. Sie schätzt ihre unterschiedlichen Sichtweisen, zeigt sich stets dankbar und nimmt es nicht persönlich, wenn Rasoul ab und zu ihre grammatischen Fehler korrigiert. Auch die Honoraranteile verhandelt Danni immer wieder mit ihnen aufs Neue. Dabei ist sie sich durchaus der Gefahren eines zu lockeren Führungsstils bewusst. Als Bea und Nils sich nach Geschäftsschluss auf dem Massagetisch näherkommen, beobachtet Danni dies mit Argusaugen und meldet bei Bea Bedenken an, da sie jeden möglichen Konflikt innerhalb ihres Teams vermeiden will. Sie hat zu ihren Mitarbeitern vielleicht ein eher partnerschaftliches Verhältnis, behält die Zügel der Personalführung aber immer fest in der Hand.

Dass die drei überhaupt für Danni arbeiten, ist ihrer Intuition und Menschenkenntnis geschuldet. Sie versteht es perfekt, ihnen ein „Wir"-Gefühl zu vermitteln und appelliert immer wieder an ihr soziales Gewissen. Als Danni wegen des schlechten Handy-Empfangs in der Einkaufspassage Rasoul bittet, ihr seinen Festnetzanschluss zur Verfügung zu stellen, reagiert dieser zögerlich. Zuerst versucht Danni mit ihm um Geld zu verhandeln, da sie ahnt, dass er seine Verwandten finanziell unterstützen muss. Als das nicht zum erhofften Erfolg führt, appelliert sie an seine Ehre und sein soziales Gewissen. Und so willigt Rasoul schließlich ein, es *„für die Gerechtigkeit"* zu tun. So gelingt es Danni immer wieder, den dreien ein Gefühl der Wichtigkeit zu vermitteln. Sie sind zwar kleine einfache Leute wie Dannis Mandanten, aber durch Danni leisten sie einen großen gesellschaftlichen Beitrag.

Das Verhältnis zu ihrem Gegenspieler Dr. Oliver Schmidt ist zuerst rein beruflicher Natur. Obwohl er für die Konkurrenz tätig ist, tritt er als Dannis Mentor auf und gibt ihr wertvolle Ratschläge. Die Verbindung beruht auf stetig wachsendem Respekt füreinander, und schließlich entwickelt sich auch eine Beziehung auf privater Ebene. Doch als Danni versäumt, mit einem Mandanten einen Vertrag abzuschließen und Oliver ihn ihr wegschnappt, zeigt sich Danni konsequent und trennt sich von ihm. Ebenso wie für Birgitte aus BORGEN hat auch für Danni in ihren beruflichen und privaten Beziehungen Integrität oberste Priorität.

3. WERTESYSTEM

Überraschenderweise nimmt Danni trotz ihrer Tätigkeit als Anwältin es selbst nicht sehr genau mit Regeln und Gesetzen. In diesem Punkt ist sie ihrer Kollegin Patty aus DAMAGES nicht unähnlich. Danni interessiert sich schlicht nicht dafür, dass Mandantengespräche in einem ungeschützten Raum nicht zulässig sind oder dass sie eigentlich nicht ohne Kanzleischild tätig sein dürfte. Sie ist viel zu beschäftigt damit, für das Recht ihrer Mandanten zu kämpfen. Und wenn sie dafür auch mal Beweismaterial aus dem Hausmüll entwenden muss, dann tut sie das eben im Namen der Gerechtigkeit.

Doch im Gegensatz zu Patty ist sie nicht von der Sucht nach beruflichem Erfolg und Macht motiviert. Danni sieht sich vielmehr als ein Instrument der sozialen Gerechtigkeit und tut alles, um den kleinen Leuten zu helfen. Dies hat sie eher mit Birgitte aus BORGEN gemeinsam, die ihre Machtposition ebenfalls in erster Linie als Verantwortung sieht, die Gesellschaft zum Besseren zu verändern.

4. MEDIALE REZEPTION

DANNI LOWINSKI ist die Antithese zu den imagegewichtigen, glamourösen Anwaltsserien der vergangenen Jahre und hatte damit großen Erfolg, wahrscheinlich auch weil die Serie mit Themen wie Armut und sozialer Ausgrenzung den Nerv der Zeit trifft. „Der Spiegel“ sieht Danni als moderne Robin-Hood-Figur, weist jedoch darauf hin, dass die Serie *„Unterhaltung bietet, die mit den Maßstäben der Wirklichkeitstreue nicht zu messen ist. ... Es* *wird schlicht die Geschichte einer Frau erzählt, die hinfällt, um in der nächsten Minute wieder aufzustehen; einer Frau, die anderen hilft, um sich damit selbst zu helfen*".[25] Während die Serie so Realismus oft der Komik opfert, dient die Protagonistin durchaus als alltagstaugliches Vorbild, was Kampfgeist und Einfallsreichtum angeht. Denn wie ihre Zuschauerinnen hat auch Danni immer wieder mit Vorurteilen und Rückschlägen zu kämpfen. Doch sie zeigt sich wiederholt als Stehaufmännchen und zieht die erforderlichen Lehren aus ihren Niederlagen, um weiter an ihrem Erfolg zu arbeiten.

25 Tobias Gostomzyk, Jochen Leffers: TV trifft Realität. Wie echt ist Danni Lowinski? In: Spiegel, 29.03.2011, www.spiegel.de.

DIE DARSTELLUNG VON WEIBLICHEN FÜHRUNGSKRÄFTEN ALS IMPULS FÜR DIE GESELLSCHAFT

Zusammenfassend lässt sich sagen, dass die Darstellung von weiblichen Führungskräften in Film und Fernsehen heute ein zunehmend differenzierteres Bild ergibt als noch vor 25 Jahren.

Was die allgemeine Darstellung angeht, so zeigt uns WORKING GIRL, wie Frauen sich gegenseitig bekämpfen, um in der männerdominierten Geschäftswelt Erfolg zu haben. Hier beäugen die weniger erfolgreichen Frauen die wenigen, die es geschafft haben, und diese wiederum versuchen die nach oben strebenden Frauen unten zu halten, um ihre eigene Sonderposition nicht zu gefährden. In den aktuelleren Beispielen wie THE DEVIL WEARS PRADA oder DAMAGES agieren die weiblichen Führungskräfte oft genauso skrupellos, aber sie tun es nicht ausschließlich zielgerichtet gegen andere Frauen, sondern um ihrer Verantwortung gerecht zu werden oder die eigene Machtposition zu sichern.

Erwähnenswert daran ist, dass moderne weibliche Führungskräfte in Film und Fernsehen nicht mehr zwangsläufig nach ihrem moralischen Verhalten beurteilt werden. Die Figuren Andy und Ellen aus den neueren Beispielen entscheiden sich zwar letztendlich dagegen, genau den gleichen Weg zu gehen wie ihre jeweiligen Mentorinnen. Doch scheinen am Ende alle Frauenfiguren als Siegerinnen dazustehen. Tess aus dem älteren Film gelangt zwar auch durch eine Täuschung zum Erfolg, doch war ihr Verhalten nur eine Gegenintrige und Antwort auf den Vertrauensbruch Katharines, die mit dem Verlust ihrer Arbeit einen hohen Preis dafür bezahlt.

Was die dargestellten Führungsstile der analysierten Figuren angeht, so existiert ein breites Spektrum von der autoritären Miranda bis zur kooperativ agierenden Danni Lowinski. Und die Serie BORGEN zeigt, inwiefern ein partnerschaftlicher Ansatz manchmal auch eine klare Stellungnahme von Seiten der Führungskraft erforderlich machen kann. Dabei ist jeweils das Wertesystem der einzelnen Geschichten und Figuren richtungsweisend. So verstoßen einige Frauen gegen die Regeln, um Erfolg zu haben. Die Beispiele DAMAGES und DANNI LOWINSKI machen dabei deutlich, wie unterschiedlich dies motiviert sein kann. In beiden Serien geht es um Anwältinnen, die des Öfteren mit dem Gesetz in Konflikt geraten. Doch während Patty geradezu süchtig danach ist, ihre Fälle zu gewinnen, tut Danni es für die soziale Gerechtigkeit. Was für Patty auf dem Weg zum Erfolg gerechtfertigt erscheint, überschreitet für Danni somit längst die Grenzen der Moral. Insgesamt fällt dabei positiv auf, dass sich die Figuren aus den aktuelleren Beispielen nicht dauerhaft anpassen, sondern sich selbst und ihren Idealen letztlich immer treu bleiben.

Eine weitere Gemeinsamkeit der genannten Beispiele besteht darin, dass die Frauen bei der Verfolgung beruflicher Ziele aktiv vorgehen. Figuren wie Andy und Danni geben sich nach beruflichen Rückschlägen nicht geschlagen, lernen dadurch aber wichtige Lektionen und wenden diese bei ihrem weiteren Karrierebestreben gezielt an. Ebenfalls ist bemerkenswert, dass modernere Figuren wie Miranda und Birgitte ihre berufliche Macht in erster Linie auch als Verantwortung ansehen und gezielt versuchen, andere Frauen beruflich zu fördern. Im älteren Beispiel war dies noch nicht der Fall. Die genannten Beispiele haben somit für die Zuschauerinnen wichtigen Vorbildcharakter, wie sich gemeinsam die gläserne Decke durchbrechen lässt.

Die größte gemeinsame Schwierigkeit aller dargestellten Frauen ist jedoch, dass ihr Privatleben unter dem beruflichen Erfolg leidet. Hier scheint die Annahme Ausdruck zu finden, dass der berufliche Erfolg einer Frau immer einen Preis hat. Vielleicht wäre es von Interesse, eine Protagonistin zu sehen, der es gelingt Karriere und Persönliches zu vereinbaren. Innovativ wäre auch eine Frauenfigur, die sich mit ihrem Beruf und den dazugehörigen Konflikten befasst und bei der die Auseinandersetzung mit dem Privatleben erst gar nicht thematisiert werden würde.

Was die öffentliche Wahrnehmung angeht, so hat sich seit WORKING GIRL einiges zum Besseren entwickelt, auch wenn heute noch für Figuren wie zum Beispiel Miranda in den Medien Doppelstandards angesetzt werden. Hier scheint noch immer das Geschlecht dafür ausschlaggebend zu sein, wie eine Führungskraft letztendlich aufgenommen wird. Doch ob Anwältin oder Premierministerin – erfolgreiche Frauen mit starker beruflicher Identität faszinieren Zuschauer und Zuschauerinnen gleichermaßen. Sie prägen die heutige Film- und Fernsehlandschaft und zeigen, gerade aufgrund ihrer Unterschiedlichkeit, die Relevanz einer diversitären Gesellschaft. Lösungsansätze für die Vereinbarkeit von Beruf und Privatleben und die Vision der Gleichberechtigung von Frauen in Führungspositionen transportieren sie zurzeit jedoch noch nicht. Birgitte aus BORGEN bringt es auf den Punkt: *„Warum muss sich eine Frau in hoher Stellung dafür entschuldigen, dass sie eine Frau ist und zusätzlich noch zehnmal kompetenter sein als ein Mann in gleicher Stellung und versprechen, dass sie niemals eine Frau bevorzugen wird?“* – Eine berechtigte Frage, die in den Medien öfter aufgegriffen werden sollte.

DIE PRINZESSIN ERWACHT
MODERNE MÄRCHENHELDINNEN IN FILM UND FERNSEHEN

Friedlich schlafend ruht die schöne Prinzessin vor ihm, als der edle Prinz sich über ihr Antlitz beugt und sie mit einem Kuss weckt. An seinem Arm führt er sie heim in sein Reich, wo sie Hochzeit hielten und glücklich lebten bis ans Ende ihrer Tage ...

Das Muster, mit dem Märchen gewöhnlich enden, ist weithin bekannt. Es verspricht, dass nach allen Wirrungen und Intrigen das Gute schließlich über das Böse siegen wird. Die Sehnsucht danach, auch in der heutigen Zeit, ist nicht von der Hand zu weisen.

Dass Märchen im Trend liegen, beweisen die seit Jahren erfolgreichen Filmreihen der öffentlich-rechtlichen Sender SECHS AUF EINEN STREICH[1] und MÄRCHENPERLEN[2]. Sie sind inzwischen fester Bestandteil des Wochenendprogramms geworden. Aber auch Klassiker des Genres wie DREI NÜSSE FÜR ASCHENBRÖDEL[3] verzaubern uns noch bei der x-ten Wiederholung immer wieder aufs Neue. Im Kino dagegen haben sich die Disney-Studios schon früh als Marktführer in dieser Sparte etabliert. Bereits 1937 wurde mit

1 SECHS AUF EINEN STREICH (Deutschland, ARD seit 2008).
2 MÄRCHENPERLEN (Deutschland/Österreich, ZDF seit 2005).
3 DREI NÜSSE FÜR ASCHENBRÖDEL (CSSR/DDR 1973). R: Václav Vorlicek, B: Frantisek Pavlícek.

SNOW WHITE AND THE SEVEN DWARFS[4] ein Märchen als erster animierter Langfilm produziert. Mit CINDERELLA[5] fand 1950 die Premiere eines weiteren Klassikers statt, dem weitere Märchenhits folgen sollten. Diese blieben jedoch in ihrer Figurenanlegung eher eindimensional und es wurde in den 70er und 80er Jahren ruhiger, bevor der Konzern in den 90er Jahren eine Renaissance mit preisgekrönten Erfolgen wie THE LITTLE MERMAID[6] und BEAUTY AND THE BEAST[7] feierte. Um die älteren Märchenverfilmungen jetzt einem neuen jüngeren Publikum näherzubringen, entsteht zurzeit eine Reihe von realen Neuverfilmungen besonders populärer Disney-Animationsfilme.

Obwohl es eine Vielzahl von Märchen aus den unterschiedlichsten Kulturkreisen gibt, ist das Genre hierzulande fast synonym mit den Geschichten Hans Christian Andersens[8] und denen der Brüder Grimm[9]. Diese veröffentlichten ihre Märchensammlung zum ersten Mal 1812, überarbeiteten sie jedoch mehrmals, um sie kindgerecht zu machen. Denn ursprünglich waren sie für ein erwachsenes Publikum gedacht und reich an Sex und Gewalt. Diese Überarbeitungen hatten laut Märchenforscher Heinz Rölleke zur Folge, dass die emotionale Ebene der Figuren stark beschnitten wurde. So zeigt zum Beispiel Rapunzel im Gegensatz zur Originalfassung keinerlei Regung mehr, wenn sie den Prinzen am Fuß des Turms erspäht. Statt vielschichtiger Figuren existieren bloß Archetypen.[10]

---

4 SCHNEEWITTCHEN (Snow White and the Seven Dwarfs, USA 1937). R: David Hand, William Cottrell, Wilfred Jackson, Larry Morey, Perce Pearce, Ben Sharpsteen, B: Ted Sears, Richard Creedon, Otto Englander, Dick Rickard, Earl Hurd, Merrill De Maris, Dorothy Ann Blank, Webb Smith.

5 ASCHENPUTTEL (Cinderella, USA 1950). R: Clyde Geronimi, Hamilton Luske, Wilfred Jackson, B: Ken Anderson, Perce Pearce, Homer Brightman, Winston Hibler, Bill Peet, Erdmann Penner, Harry Reeves, Joe Rinaldi, Ted Sears, Maurice Rapf.

6 ARIELLE, DIE MEERJUNGFRAU (The Little Mermaid, USA 1989). R und B: Ron Clements, John Kusker.

7 DIE SCHÖNE UND DAS BIEST (Beauty and the Beast, USA 1991). R: Gary Trousdale, Kirk Wise, B: Linda Woolverton.

8 Hans Christian Andersen (1805–1875), dänischer Dichter und Schriftsteller.

9 Jacob (1785–1863) und Wilhelm Grimm (1786–1859), beide Sprach- und Literaturwissenschaftler, veröffentlichten Märchensammlung im 19. Jahrhundert

10 Heinz Rölleke: Die Frau in den Märchen der Brüder Grimm. In: Sigrid Früh: Veröffentlichungen der Europäischen Märchengesellschaft, Kassel 1985.

Wie problematisch eine eindimensionale Charakterisierung der Identifikationsfigur jedoch sein kann, zeigt „Frau Holle“[11]. Das Märchen handelt von zwei Schwestern, die in Frau Holles Reich landen und von ihr Arbeitsaufträge erhalten. Die erste Schwester erfüllt diese ohne Widerspruch und wird als Dank für ihre Ergebenheit mit Gold überschüttet. Sie ist als Vorbild angelegt. Die zweite Schwester verweigert jedoch den Dienst, da sie den Sinn der Arbeit infrage stellt und nicht versteht, wie diese mit ihren persönlichen Zielen übereinstimmt. Dass sie dafür mit Pech überschüttet wird, ist als Mahnung zu verstehen. Demut und Fleiß werden belohnt, kritisches Hinterfragen bestraft.

Schon immer wurden Märchen als Instrument der Sozialisierung benutzt, seit dem 19. Jahrhundert insbesondere für Kinder. So konstatiert auch der Psychoanalytiker Bruno Bettelheim in seinem gleichnamigen Buch „Kinder brauchen Märchen“[12], da diese Erzählform soziale Strukturen vermitteln kann sowie das Moralverständnis prägt. Im Märchen kämpft Gut gegen Böse. Häufig wird das Gute durch ein junges Mädchen verkörpert, das das Böse aber zumeist nicht ohne einen männlichen Retter überwinden kann. Dem jungen Mädchen wird die Rolle der demütigen und fleißigen Heldin zugeordnet, die letztendlich vom Mut und Einsatz eines Mannes abhängig ist. Das Böse wird häufig von einer alten, hässlichen Frau verkörpert, zumeist durch die Stiefmutter oder die Hexe. Gerade jungen Mädchen bleibt somit als Identifikationsfigur nur die gutherzige, passive Heldin, die sich in der heutigen Zeit aber als kaum taugliches Vorbild erweist. Die männliche Identifikationsfigur des Retters vermittelt Jungen zwar Tugenden wie Tapferkeit und Ausdauer. Doch ist sie ebenso schlicht angelegt wie ihr weibliches Pendant. Vielmehr entsteht ein Ungleichgewicht zwischen den Geschlechtern im Hinblick auf Macht. Es stellt sich daher die Frage, ob

---

11 Frau Holle. In: Jacob Grimm, Wilhelm Grimm: Kinder- und Hausmärchen, (Nummer 24), 1812.

12 Bruno Bettelheim, Kinder brauchen Märchen. Stuttgart 1977.

sich diese Form des Erzählens und insbesondere die Figuren in ihrer charakterlichen Anlegung in der heutigen Zeit, die von beiden Geschlechtern viel Flexibilität einfordert, noch als Vorbild eignen.

Der kulturelle Einfluss von Märchen auf die heranwachsenden Generationen ist enorm, wie die erfolgreiche Vermarktung durch Disney verdeutlicht. Jährlich erzielt der Konzern mit Merchandise-Artikeln wie zum Beispiel „Disney Princess" einen Umsatz im Milliardenbereich. Es ist daher nicht verwunderlich, dass Disney sich hauptsächlich auf die Adaption von Märchen spezialisiert hat, in denen eine junge schöne Protagonistin am Ende einen Prinzen heiratet. Märchenfilme werden so zu Liebesfilmen. Dass Märchen aber durchaus sozialkritisch sein können, beweisen die DDR-Produktionen der 70er Jahre. So symbolisiert zum Beispiel in DORNRÖSCHEN[13] die 13. Fee den Fleiß, eine Tugend, die der König für die neugeborene Prinzessin als unerheblich einstuft. Als die Fee ihm durch den darauffolgenden Fluch des hundertjährigen Schlafs eine Lektion erteilen will, lässt er alle Spindeln im Reich verbannen, was zu Arbeitslosigkeit unter den Spinnerinnen und sozialem Aufruhr führt. Die gesellschaftliche Relevanz harter Arbeit entspricht hier dem ostdeutschen politischen Ideal.

Umso bedauerlicher ist, dass die bedeutend jüngeren Adaptionen der öffentlich-rechtlichen Fernsehanstalten weitgehend veralteten Stereotypen verhaftet sind. In ihrem Anspruch, dem Zauber der literarischen Vorlagen treu zu bleiben, bieten sie dem Publikum kaum positive weibliche Vorbilder. Eine lobenswerte Ausnahme bildet die ZDF-Produktion DORNRÖSCHEN[14], in der die Protagonistin eine Leidenschaft für technologische Neuheiten hat und den sie rettenden Prinzen aufgrund seines Forschungstalents zum Ehemann auserwählt. Das Ergebnis ist eine charmante Neuinterpretation, die

---

13 DORNRÖSCHEN (DDR 1971). R: Walter Beck, B: Margot Beichler, Gudrun Deubener-Rammler, Walter Beck.
14 DORNRÖSCHEN (ZDF-Reihe MÄRCHENPERLEN, Deutschland/Österreich 2008). R und B: Arend Agthe.

beweist, dass es durchaus gelingen kann, das Genre zu modernisieren ohne an den Grundfesten zu rütteln.

Die größten Veränderungen zeigen sich jedoch seit einigen Jahren auf dem US-Markt. Man hat dort erkannt, dass gerade weibliche Märchenfiguren neu ausgelegt werden müssen, um die Identifikation für ein modernes Publikum zu ermöglichen. Dabei finden sich viele Themen, die das Bild der modernen Frau prägen, ohnehin bereits in Märchenerzählungen wieder:

- Schönheit,
- finanzielle Absicherung,
- das Bild der Mutter,
- die Herausforderungen, die eine Patchworkfamilie stellt,
- sowie weibliche Selbstbestimmung innerhalb der Gesellschaft.

Diese fünf Punkte sollen jeweils auf folgende Aspekte hin befragt werden:

1. Wie hat sich das Thema im Laufe der Geschichte entwickelt und welchen Stellenwert nimmt es heute in der Gesellschaft ein?
2. Welche Rolle spielt das Thema im Märchengenre insbesondere in Bezug auf die weiblichen Figuren?
3. Wie wird das Thema in den jüngsten Verfilmungen interpretiert und welche Botschaft wird dadurch transportiert?

Denn nur wenn es zukünftigen Produktionen gelingt, einem modernen Publikum zeitgemäße Vorbilder zu liefern, erfüllen Märchen auch weiterhin ihre Aufgabe einer gelungenen Sozialisierung. Mit welchen Mitteln dies gelingen kann und wo sich noch Raum zur Verbesserung ergibt, werde ich anhand aktueller Filmbeispiele untersuchen.

SCHÖNHEIT: MIRROR MIRROR

1. Gesellschaftliche Bedeutung

Gesellschaftlich wurde dem Thema Schönheit in Relation zu Frauen schon immer ein großer Stellenwert eingeräumt. Historisch war der soziale Wert einer Frau lange Zeit primär abhängig davon, ob sie dem Mann Kinder gebären konnte. Schönheit wurde mit Jugend gleichgesetzt und suggerierte Fertilität. Dies führte zwangsläufig zu einer höheren Bedeutung des Aussehens für das weibliche Geschlecht. Heute hat die Gebärfähigkeit einer Frau an Bedeutung verloren. Doch es ist nicht von der Hand zu weisen, dass Frauen sich noch immer größeren Erwartungen in Bezug auf ihr Äußeres ausgesetzt sehen, wie beispielsweise die deutlich höheren Ausgaben für Kosmetik belegen: So gaben Frauen laut Euromonitor 2012 mehr als zehnmal so viel wie Männer für Körperpflege aus.[15]

2. Rolle im Märchen

Auch im Märchen ist das Äußere der Heldin von großer Bedeutung. Diese ist zumeist ein einfaches Mädchen oder eine Prinzessin von gutem Charakter, den ihre äußerliche Schönheit symbolisiert. So werden Rapunzel[16] als *„das schönste Kind unter der Sonne“* und Schneewittchen[17] als *„so schön wie der klare Tag“* beschrieben. Den Endpunkt der Geschichte bildet oft eine Heirat. Zugleich ist die Märchenheldin auch eine Trophäe, deren Hand der edle Prinz gewinnen muss. In „Dornröschen“[18] lockt die ohnmächtige Protagonistin ihren Retter durch den Ruf ihrer Schönheit an. Diese ist somit ein zentrales Element, das zu einem glücklichen Ende beiträgt.

---

15 Nicolai, Birger: Was Männer wollen, erklärt ihnen das Marketing. In: Die Welt, 04.01.2013, www.welt.de.
16 Rapunzel. In: Jacob Grimm, Wilhelm Grimm: Kinder- und Hausmärchen, (Nummer 12), 1812, basierend auf Giambattista Basiles Petrosinella.
17 Schneewittchen. In: Jacob Grimm, Wilhelm Grimm: Kinder- und Hausmärchen, (als Sneewittchen, Nummer 53), 1812.
18 Dornröschen. In: Jacob Grimm, Wilhelm Grimm: Kinder- und Hausmärchen, (Nummer 50), 1812, basierend auf Charles Perraults Die Schöne im schlafenden Wald

Kontrastiert wird das attraktive Äußere der Heldin häufig mit der Präsenz einer älteren, hässlichen Frau, deren schlechtes Wesen und dunkle Absichten so nach außen transportiert werden. Zumeist tritt sie als Hexe auf, die durch Beschreibungen wie *„mit dürrer Hand"* und *„rote Augen"* charakterisiert wird.[19] Zugleich verkörpert sie die Frau, deren blütevolle, sprich gebärfähige Jahre vorbei sind. Die Rolle der Stiefmutter ist zwar nicht von einem hässlichen Äußeren geprägt, doch trägt sie häufig dunkle und dämonische Züge. So verfärbt sich das Gesicht von Schneewittchens Stiefmutter *„gelb und grün vor Neid"* und sie macht sich unkenntlich als *„alte Krämerin"*, um ihre Rivalin zu vergiften.

Überhaupt nimmt das Thema Schönheit einen zentralen Stellenwert in „Schneewittchen" ein. Zu Beginn der Geschichte genießt die Königin eine Vormachtstellung gegenüber ihrer Stieftochter Schneewittchen. Doch je mehr diese zur jungen Frau und damit Konkurrentin in Sachen Schönheit heranwächst, desto mehr leidet die Königin unter ihrem fortschreitenden Alter und dem drohenden Verlust der Attraktivität. Die Königin will und kann dies nicht akzeptieren und so versucht sie von Neid getrieben, Schneewittchen aus dem Weg zu schaffen. Als ihr ursprünglicher Plan fehlschlägt, schließt sich der Bogen und sie nimmt willentlich eine hässliche Gestalt an, um Schneewittchen einen vergifteten Apfel anzubieten.

3. Interpretation in Neuverfilmungen

„Schneewittchen" gehört zu den am häufigsten adaptierten Märchen der Gebrüder Grimm. Im Jahr 2012 erschienen sogar zwei an den Kinokassen erfolgreiche Adaptionen amerikanischer Herkunft: MIRROR MIRROR[20] und SNOW WHITE AND THE HUNTSMAN[21]. Ersterer bleibt der Originalvorlage in der

19 Hänsel und Gretel. In: Jacob Grimm, Wilhelm Grimm: Kinder- und Hausmärchen, (Nummer 15), 1812.

20 SPIEGLEIN SPIEGLEIN – DIE WIRKLICHE WAHRE GESCHICHTE VON SCHNEEWITTCHEN (Mirror Mirror, USA 2012). R: Tarsem Singh, B: Marc Klein, Jason Keller, Melissa Wallack

21 SNOW WHITE AND THE HUNTSMAN (USA 2012). R: Rupert Sanders, B: Evan Daugherty, John Lee Hancock, Hossein Amini.

Handlung weitgehend treu, wirft jedoch ein besonderes Augenmerk auf die Figur der Königin und ihrem verzweifelten Kampf, ihre Attraktivität zu erhalten. Dadurch gewinnt sie für diese Analyse an Relevanz. Das jugendliche Schneewittchen und ihre vielgepriesene Schönheit dienen als Vergleichsmodell, um zu verdeutlichen, mit wem die Königin sich messen muss.

Im Gegensatz zur Disney-Animationsfassung von 1937, in der die Königin aus purer Eifersucht getrieben handelt, wird sie hier humoristisch überzeichnet. Gespielt von Julia Roberts ist sie ein Luxusgeschöpf und eine Sklavin ihres Äußeren. So unterzieht sie sich zahllosen kosmetischen Behandlungen, um ihren Körper in bestmöglichem Zustand zu halten. Ihre Mahlzeiten sind übersichtlich und ihre Figur wird mit einem komplizierten Apparat im Korsett festgeschnürt. Nicht nur lässt sie eine Fischmaniküre und eine Gesichtsmaske aus Vogelkot über sich ergehen. Auch Maden und Skorpione werden zur Behandlung eingesetzt und ein Bienenstich in die Lippen sorgt für den perfekten Schmollmund. Ihre Kleidung ist stets prunkvoll, fordert aber ihren mitunter schmerzlichen Tribut. Es zeigt sich hier, dass Schönheit ihren Preis hat. Und dieser bewegt sich häufig an der Schmerzgrenze.

Doch wie der Volksmund besagt, kommt wahre Schönheit von innen. Und so kann das gepflegte Äußere der Königin auch nicht darüber hinwegtäuschen, dass sie eine zutiefst gehässige Person ist. Sie kritisiert offen Schneewittchens Aussehen und schikaniert ihre Stieftochter, wo sie nur kann. Im Gegensatz zu ihr vertraut Schneewittchen darauf, dass Natürlichkeit und eine positive Einstellung attraktiv wirken. Der Unterschied zwischen beiden wird besonders deutlich, als die Königin einen Kostümball gibt, um den mittlerweile sechsten Ehemann einzufangen. Ihre Sucht nach Luxus hat sie an den Rand des finanziellen Ruins getrieben und sie sieht nun in einer Vermählung mit einem begüterten Prinzen die Lösung. Den Ball finanziert sie durch eine Steuererhöhung für das Volk. Als Kostüm wählt sie ein prächtiges Pfauenkleid. Schneewittchen dagegen erscheint als lieblicher Schwan und beeindruckt den Prinzen mit ihrem guten Charakter und natürlichem Charme. Schon bald schwärmt der Prinz der Königin von Schneewittchens Vorzügen vor: *„Sie ist die wohl schönste Frau auf der ganzen Welt.“*. Die Königin entgegnet: *„Die einen sagen so, die andern so.“*. Sie sieht jedoch ihre Felle davonschwimmen und ist sich ihrer schwindenden Jugend nur allzu bewusst. Auch ihr Zauberspiegel entgegnet ihr mit brutaler Ehrlichkeit: *„Denn ich bin, wie Ihr wisst, bloß ein Spiegelbild Eurer selbst. Das heißt, nicht ein exaktes Spiegelbild. Ich habe keine Falten.“* In der literarischen Vorlage der Brüder Grimm vergleicht der Spiegel bloß das Aussehen der Königin mit dem von Schneewittchen. Doch im Film spricht wohl auch das niedrige Selbstwertgefühl der Königin selbst aus dem Spiegel und vielmehr noch steht er auch für die Stimme der Gesellschaft, die Frauen konstant an ihrem Äußeren misst und sie gnadenlos auf jeden Makel hinweist.

Bemerkenswert ist hier auch der Kampf einer älteren Frau um einen jüngeren, gutaussehenden Mann. Im Gegensatz zur Originalvorlage, in der der Prinz Schneewittchen als Trophäe in einem gläsernen Sarg liegend vorfindet, wird er hier selbst zum Objekt. Dies wird dadurch unterstrichen, dass er von den anderen Figuren als *„niedlich“* und *„gebaut wie ein Gott“* beschrieben wird, und die Handlung es will, dass er des Öfteren halbnackt auftritt. Während Paare, die aus älteren Männern und jüngeren Frauen bestehen, auf der Leinwand zahlreich vertreten sind, ist dies umgekehrt kaum der Fall. Auch in der Gesellschaft ist dieser Doppelstandard kaum von der Hand zu weisen. Entsprechend wird im Filmbeispiel der Eroberungsversuch der Königin als lächerlich inszeniert. Dies kulminiert in der Szene, in der die Königin zu einem Zaubertrank greift, um den Prinzen gefügig zu machen. Auch hier findet eine Umkehrung der Geschlechterkonstellation statt. In Märchen werden zumeist weibliche Figuren durch einen Zaubertrank, Gift oder ähnliches ausgeschaltet. Auch in der Wirklichkeit werden Betäubungsmittel eingesetzt, um zumeist weibliche Opfer bei Sexualverbrechen passiv und wehrlos zu machen. Das unmoralische Verhalten der Königin wird hier also zu Recht verurteilt.

Der Zaubertrank im Märchen zeigt Wirkung und der Prinz willigt in die Heirat ein. Doch unterschwellig weiß die Königin, dass der Prinz in Schneewittchen verliebt ist. Um ihn umzustimmen, schmückt sich die Königin bei der Wahl ihres Hochzeitskleides mit Schwanenfedern, die an Schneewittchens Ballkleid erinnern sollen. Doch an der Königin wirkt dies letztendlich wie eine billige Kopie und ein verzweifelter Versuch, der attraktiveren Konkurrentin zumindest äußerlich nachzueifern.

Der Plan misslingt und am Ende sind Schneewittchen und der Prinz vereint. Als Strafe für die Anwendung dunkler Magie altert die Königin dramatisch. Als sie in dieser Gestalt Schneewittchen bei ihrer Hochzeit einen vergifteten Apfel anbietet, teilt Schneewittchen diesen in zwei Hälften. Mit den Worten: *„Alter vor Schönheit"* und einem schelmischen Lächeln reicht sie der Königin die vergiftete Hälfte, mit der diese sich tötet.

Auch in der zweiten Neuadaption SNOW WHITE AND THE HUNTSMAN, die 2015 sogar eine Leinwandfortsetzung fand, rückt die Figur der Königin in den Fokus. Und auch hier werden die gesellschaftliche Bedeutung von weiblicher Schönheit und die daraus resultierenden negativen Konsequenzen aufgegriffen. So beschließt der König – Schneewittchens Vater –, die schöne Ravenna bereits einen Tag nach ihrem Aufeinandertreffen zu heiraten. Er bewertet sie nur nach ihrem Äußeren, nur anhand ihrer Schönheit; er begreift sie als Trophäe – mit fatalen Folgen. In der Hochzeitsnacht offenbart ihm seine Braut, dass sie einst schon einmal den Platz einer Königin eingenommen hatte, denn diese *„war alt und verbraucht, und zu gegebener Zeit hätte man mich ebenfalls ersetzt. Männer nutzen uns Frauen bloß aus. Sie verderben uns und wenn sie endlich fertig sind mit uns, dann werfen sie uns den Hunden zum Fraß vor. Wenn eine Frau ewig jung und schön bleibt,* *gehört die Welt allein ihr.*" Ravenna kommt diesem Schicksal zuvor, indem sie ihren neuen Ehemann tötet und dessen Platz auf dem Thron einnimmt. Um ihre Jugend zu erhalten, saugt sie, einem Vampir gleich, die Lebensenergie aus jungen Frauen in ihrem Reich, die ihrer Attraktivität Konkurrenz machen. Ihr Bemühen, jung und schön zu bleiben, basiert jedoch nicht wie in MIRROR MIRROR auf purer Eitelkeit, sondern auf schlichtem Überlebenswillen. Ravenna hat die gesellschaftliche Ungleichstellung von Frauen treffend analysiert und lehnt sich dagegen auf. Sie benutzt den ihr von der Umwelt auferlegten einzigen Wert der Schönheit, um sich aus ihrer Opferrolle zu befreien, an die Macht zu gelangen und diese langfristig zu sichern.

Ravennas Geschichte liegt somit ein Streben nach Emanzipation zugrunde. Dabei instrumentalisiert sie den Aspekt ihres Äußeren und setzt diesen als Waffe gegen eine von Männern dominierte Umwelt ein. Der überholte Maßstab, an dem sie gemessen wird, bietet ihr zugleich den Weg zu einer Machtposition. Und obwohl Ravenna dem Publikum nur begrenzt Identifikationsfläche bietet, erkennen zeitgenössische Frauen den ihnen vertrauten Konflikt: Während sie aufgrund eines hohen Bildungsstands oder beruflichen Status ein weitgehend unabhängiges Leben führen, sehen auch sie sich häufig noch einer persönlichen Bewertung durch ihr Äußeres ausgesetzt. Ob sie diesen Mechanismus dann zu ihrem Vorteil nutzen, bleibt jeder Zuschauerin selbst überlassen.

Beide Adaptionen beweisen, wie vielfältig sich das Thema Schönheit in Märchenadaptionen interpretieren lässt. Während MIRROR MIRROR die Auslebung von Macht darstellt, um Schönheit zu erlangen, zeigt SNOW WHITE AND THE HUNTSMAN eher die Instrumentalisierung von Schönheit, um an Macht zu gelangen. MIRROR MIRROR konzentriert sich dabei mehr auf die humorvolle Entlarvung des Schönheitsdiktats und zeigt dem Publikum so auf, wie wenig attraktiv der verzweifelte Kampf um den Erhalt von Jugend und Schönheit eigentlich ist. Die Botschaft lautet hier, dass wahre

Schönheit sich dem Betrachter eher durch ein positives Inneres und Authentizität offenbart. SNOW WHITE AND THE HUNTSMAN ist mit diesem sozialkritischen Ansatz an ein älteres Publikum adressiert, MIRROR MIRROR vermittelt auch jüngeren Zuschauern und Zuschauerinnen eine wertvolle Botschaft in Sachen Selbstwertgefühl. Das Element Schönheit ist und bleibt somit ein wichtiger Bestandteil des Märchengenres und gewinnt, indem es in einen zeitgemäßeren Bezug gesetzt wird, noch zusätzlich an Wirkung.

FINANZIELLE ABSICHERUNG: THE PRINCESS AND THE FROG

1. Gesellschaftliche Bedeutung

Bis ins 20. Jahrhundert war die finanzielle Absicherung für Frauen häufig mit Heirat verbunden. Während der Mann die Frau zur Familiengründung brauchte, musste die Frau sicherstellen, dass der Mann sie und ihren Nachwuchs auch langfristig versorgen konnte. Die Möglichkeit, finanziell etwas beizusteuern, war häufig auf eine Mitgift beschränkt. Falls die Frau nach der Heirat arbeitete, geschah dies primär zur Unterstützung der Familie. Erst in den vergangenen Jahrzehnten führten höhere schulische Bildung sowie das Aufbrechen der traditionellen Geschlechterrollen dazu, dass die Verwirklichung beruflicher Ambitionen für Frauen in den Vordergrund rückte. Die daraus resultierende finanzielle Unabhängigkeit hatte auch zur Folge, dass die Verdienstaussichten eines potenziellen Partners an Bedeutung verloren.

2. Rolle im Märchen

Im Märchen ist der glückliche Ausgang der Geschichte häufig mit dem sozialen Aufstieg der Heldin verbunden. Weibliche Hauptfiguren wie Aschenputtel und Rapunzel sind Mädchen von einfacher Herkunft, die im Laufe der Handlung ihre große Liebe in Form eines Prinzen finden. Von ihm werden sie am Ende *„in sein Reich geführt“* und steigen so durch die Heirat gesellschaftlich auf. Auch dann, wenn die Figur einer Erwerbstätigkeit nachgeht, wie zum Beispiel die spinnende Müllerstochter in „Rumpelstilzchen“[22], endet dies mit dem König, der *„alles fand, wie er es gewünscht hatte, so hielt er Hochzeit mit ihr, und die schöne Müllerstochter ward eine Königin.“* Märchen, die von Prinzessinnen wie Dornröschen oder Schneewittchen handeln, enden gewöhnlich mit einer standesgemäßen Vermählung.

22 Rumpelstilzchen. In: Jacob Grimm, Wilhelm Grimm: Kinder- und Hausmärchen, (Nummer 55), 1812.

Auch die Originalversion von „Der Froschkönig"[23] handelt von einer Prinzessin, die einen in einen Frosch verzauberten Prinzen küssen muss, um sich schlussendlich glücklich mit ihm zu vermählen. Hier geht es in erster Linie um die Überwindung von Vorurteilen, doch am Ende ist die Prinzessin verheiratet und die finanzielle Zukunft ist gesichert.

3. Interpretation in Neuverfilmungen

Dass Liebesglück aber nicht zwangsläufig mit finanzieller Absicherung gleichzusetzen ist, beweist Disneys The Princess and the Frog[24], eine lose Adaption des Grimm-Märchens. Der Film stellte für das Studio eine Rückkehr zur traditionellen handgezeichneten Animation dar und doch erwies er sich als Schritt nach vorn, was seine Figurenanlegung betrifft. Anstelle einer Prinzessin steht hier Tiana im Mittelpunkt – ein dunkelhäutiges Kind aus der Arbeiterschicht in New Orleans. Aufgrund dieser Umstände scheinen ihre Aussichten auf finanzielle Sicherheit von vornherein eingeschränkt. Sie entspricht dem gängigen Modell der unterprivilegierten Märchenheldin. Doch im Gegensatz zu dieser hat Tiana es nicht nötig, sich durch eine Heirat finanziell abzusichern. Vielmehr vertritt sie ein zeitgemäßeres Frauenbild, das sich durch berufliche Ambitionen und dem Wunsch nach Unabhängigkeit auszeichnet.

Von ihrem Vater hat Tiana gelernt, dass man sich Erfolg erarbeiten muss: *„Wünsche und träume mit deinem kleinen Herzen, aber denk immer dran, Tiana, dass der alte Stern dich nur einen Teil des Wegs bringt. Du musst auch was dazu tun und wenn du dich anstrengst und hart arbeitest, dann wird dir alles gelingen, was du dir vorgenommen hast."* Vorgenommen hat sich Tiana, ein Restaurant unter ihrem Namen zu eröffnen – Tiana's. Dies war einst der Traum ihres früh verstorbenen Vaters. Doch eine

23 Der Froschkönig. In: Jacob Grimm, Wilhelm Grimm: Kinder- und Hausmärchen, (als: Der Froschkönig oder: Der eiserne Heinrich, Nummer 1), 1812.

24 KÜSS DEN FROSCH (The Princess and the Frog, USA 2009). R: Ron Clements, John Musker, B: Ron Clements, John Musker, Rob Edwards.

Verwirklichung durch Tiana lässt den Namen zusätzlich an Bedeutung gewinnen. Im Gegensatz zur früheren Vision wäre sie jetzt nicht nur die Namensgeberin, sondern auch die Inhaberin.

Um dieses Ziel zu erreichen, schuftet sie tagein tagaus als Kellnerin und spart ihren Verdienst unter dem Verzicht jeglichen Vergnügens. Auch für Kontakte zum männlichen Geschlecht fehlt ihr die Zeit – zum Missfallen ihrer Mutter, die sich Enkelkinder wünscht. Den Erwartungen der Umwelt in Bezug auf ihre Rolle als Frau steht Tianas Wunsch nach beruflicher Selbstverwirklichung entgegen. Der Film vermittelt so den Spagat, der Frauen in der modernen Gesellschaft häufig abverlangt wird.

Einen Kontrast zu Tianas beruflichem Ehrgeiz bildet ihre Freundin Charlotte. Diese ist von Hauptberuf Tochter, deren reicher Vater ihr keinen Wunsch abschlagen kann. Anstatt irgendwann auf eigenen Beinen zu stehen, sucht Charlotte lieber nach einem reichen Ehemann, der ihren Vater einmal ersetzen wird, und glaubt, diesen in Prinz Naveen gefunden zu haben.

Doch Tiana wird in ihren professionellen Ambitionen durch die Vorurteile ihrer Umwelt ausgebremst. So lehnt eine Immobilienfirma sie als Verkaufspartnerin ab: *„Deshalb würde sich ein junges Mädchen aus Ihren Verhältnissen sicher ziemlich übernehmen, wenn es auf einmal so ein großes Geschäft führen würde. Nein, jeder muss wissen, wo er hingehört."* Dass die Inhaber dann auch noch ihre Backkünste loben, gleicht einem höhnischen Versuch, sie als Frau an ihren rechtmäßigen Platz in der Küche zu verweisen. Die eine oder andere Filmzuschauerin wird Tianas emotionale Reaktion auf diesen Affront nur zu gut nachvollziehen können.

Die Lösung naht in Form des in einen Frosch verwandelten Prinz Naveen. Als Tiana versucht, ihn durch einen Kuss zu erlösen, misslingt dies, weil sie keine Prinzessin ist. Stattdessen wird sie selbst in einen Frosch verwandelt und ist gezwungen, gemeinsam mit dem Prinzen nach einer Lösung zu suchen. Entgegen aller Märchenkonventionen stellt sich heraus, dass Prinz Naveen ein Playboy ist, der hauptsächlich Musik im Kopf hat. Da seine Eltern ihm den Geldhahn zugedreht haben, ist er nun pleite und gezwungen, eine finanziell aussichtsreiche Partie zu machen. Es ist nur eines von vielen gängigen Klischees des Genres, das der Film auf den Kopf stellt. Tiana zeigt sich trotz seines gesellschaftlichen Status unbeeindruckt, was hinsichtlich der Überwindung von Vorurteilen eine Parallele zur literarischen Vorlage darstellt. Bezeichnenderweise wiegen für sie charakterliche Mängel schwerer als Prinz Naveens äußere Gestalt. Und auch sein Adelstitel zeigt keine Wirkung auf sie, da sie viel mehr Wert darauf legt, sich Erfolg selbst zu erarbeiten.

Doch schließlich lernen Tiana und Prinz Naveen voneinander, wie wichtig Ausgewogenheit zwischen Arbeit und Privatleben ist. Tiana lässt sich auf eine persönliche Beziehung mit Prinz Naveen ein und dieser lernt im Gegenzug von ihr Werte wie Ausdauer und Geschäftstüchtigkeit. So gewinnt am Ende nicht die traditionell eingestellte Charlotte das Herz des Prinzen, sondern die progressive Tiana. Der böse Zauber wird schließlich durch den Vermählungskuss gebrochen, denn die Eheschließung hat Tiana zur Prinzessin gemacht. Durch den neu gewonnenen Status steht auch der Verwirklichung ihrer beruflichen Ziele nichts mehr im Weg und sie eröffnet mit ihrem ersparten Geld endlich ein Restaurant namens „Tiana's Palace“. Davon profitiert auch Prinz Naveen, der dort eine Anstellung als Kellner und Bühnenmusiker erhält.

In diesem Fall ist es der Prinz, dem es gelingt, sein Leben durch eine Heirat in geordnete produktive Bahnen zu lenken und finanzielle Sicherheit zu erlangen. Parallelen dazu lassen sich auch in anderen zeitgenössischen Märchenverfilmungen finden.

In der Rapunzel-Adaption TANGLED[25] ist die Protagonistin eine Prinzessin, die sich mithilfe eines Diebes aus dem Turm befreit und diesem durch Heirat den gesellschaftlichen Aufstieg ermöglicht. Im Kinohit FROZEN[26] sieht sich ein Prinz aufgrund seines niedrigen Ranges in der Thronfolge gezwungen, durch eine Vermählung mit einer Thronfolgerin aus einem anderen Reich an mehr Macht zu gelangen. Und im Disney-Remake von CINDERELLA[27] sieht sich der Prinz genötigt, durch seine Brautwahl das eigene Land zu stärken: *„Wie viele Divisionen wird sie mitbringen? Wird sie das Königreich stärken? Wir sind nur ein kleines Königreich inmitten großer Staaten. Und die Welt da draußen ist gefährlich."* Dieser Trend reflektiert die realen Gegebenheiten unserer Zeit, in der es nicht mehr primär dem Mann zukommt, für das Einkommen zu sorgen.

Dem Film THE PRINCESS AND THE FROG gelingt es somit, die bereits durch den Titel geweckten Assoziationen auf den Kopf zu stellen. Da die finanzielle und soziale Abhängigkeit von Märchenheldinnen nicht mehr zeitgemäß ist, sind moderne Adaptionen gefordert, die starren Rollenerwartungen aufzubrechen und dem Publikum ein reflektiertes Bild von finanzieller Sicherheit aufzuzeigen. Das Filmbeispiel liefert auch Denkanstöße, wie Frauen (insbesondere jene, die Minderheiten angehören) immer noch gegen gesellschaftliche Vorurteile ankämpfen müssen. Eine positive Darstellung beruflich ehrgeiziger Frauen kann außerdem dazu beitragen, dass heranwachsende Generationen diese Vorurteile entlarven können. Der Film zeigt ja, wie wichtig finanzielle Unabhängigkeit für Frauen ist, wenn es dem männlichen Partner an beruflichem Ehrgeiz mangelt. Auf Prinz Naveen ist in finanzieller Hinsicht kein Verlass. Stattdessen symbolisiert er Lebensfreude und die Wichtigkeit eines glücklichen und ausgewogenen Privatlebens.

---

25 RAPUNZEL – NEU VERFÖHNT (Tangled, USA 2010). R: Nathan Greno, Byron Howard, B: Dan Fogelman.
26 DIE EISKÖNIGIN (Frozen, USA 2013). R: Chris Buck, Jennifer Lee, B: Jennifer Lee.
27 CINDERELLA (USA 2015). R: Kenneth Branagh, B: Chris Weitz.

Dies entspricht dem gesellschaftlichen Trend, nach dem Männer sich in zunehmendem Maße um Haushalt und Familie kümmern. Somit bietet Prinz Naveen jüngeren männlichen Zuschauern auch ein modernes Vorbild und eine Option, zukünftig nicht nur den Pfad des finanziellen Versorgers zu beschreiten, der ihnen durch frühere Märchenverfilmungen vorgelebt wurde.

DIE MUTTERROLLE: TANGLED

1. Gesellschaftliche Bedeutung

Dank moderner Möglichkeiten der Familienplanung ist es Frauen heute freigestellt, ob sie Mutter werden möchten oder nicht. Anstatt sich ausschließlich über Mutterschaft zu definieren, ist die Mutterrolle heute nur noch ein möglicher Aspekt der weiblichen Identität. Doch dadurch entstehen auch neue Konfliktfelder. So muss sich jede Mutter entscheiden, wie viel Erziehungsarbeit sie selbst leisten möchte und wie viel sie auslagert, um sich zum Beispiel auch beruflich verwirklichen zu können. Und häufig fällt das Urteil der Umwelt darüber strenger aus als das über den väterlichen Einsatz. Auch Frauen, die sich gegen ein Kind entscheiden, werden im Vergleich zu Männern eher für *„neurotisch erklärt oder bemitleidet."*[28] Die Möglichkeiten der Familienplanung haben sich somit zwar vergrößert, doch ein Doppelstandard scheint noch immer zu existieren.

2. Rolle im Märchen

Auch im Märchengenre ist die Mutterrolle zwiespältig besetzt. Leibliche Mütter sind kaum präsent, oft, da sie früh verstorben sind, was einerseits auf die hohe Sterblichkeitsrate bei Geburt und im Wochenbett damals zurückzuführen ist. Ein Beispiel dafür findet sich in „Schneewittchen": *„Und wie das Kind geboren war, starb die Königin."* Auf der anderen Seite hat sich dies auch aus den Überarbeitungen der Brüder Grimm entwickelt, die feindselig auftretende Mütter durch Stiefmütter ersetzten, um ein heiles Bild der Familie zu wahren. Kinderlose Frauen treten in der Regel als junge, noch unverheiratete Protagonistinnen auf. Ältere kinderlose Frauen symbolisieren, häufig in Gestalt der Hexe, die Zukunftsaussichten: sollte die Protagonistin nicht den Mann fürs Leben finden, würde sie zu einer Außenseiterin der Gesellschaft werden.

---

28 Dückers, Tanja: Die kinderlose Frau ist an allem Schuld. In: Die Zeit, 04.12.2014, www.zeit.de.

Eine solche findet sich beispielsweise im Märchen „Rapunzel", in dem das gleichnamige junge Mädchen von einer alten, kinderlosen Frau nach seiner Geburt entführt und in einem Turm gefangen gehalten wird.

3. Interpretation in Neuverfilmungen

In der Disney-Adaption Tangled von 2010 wird der Konflikt der Kinderlosigkeit aufgegriffen und mit dem Aspekt erdrückender Mutterliebe gepaart. Der Originaltitel lässt sich mit „verstrickt" übersetzen und weist somit bereits auf das komplexe Beziehungsgeflecht zwischen einer Frau, die sich übermäßig mit ihrer Mutterrolle identifiziert, und ihrer Tochter hin. Doch im Vergleich zum Original wird hier die Figur der alten Frau in den Mittelpunkt gerückt, um ihre Beweggründe und die emotionalen Folgen der Mutter-Tochter-Beziehung besser zu beleuchten.

Getreu der literarischen Vorlage lebt die Alte, hier Mutter Grothel genannt, in einem Wald. Dieser ist von Dieben und anderem Gesindel bevölkert. Wie sie ist Mutter Grothel aufgrund ihres sozialen Status als alleinstehender und kinderloser Frau kein vollwertiges Mitglied der Gesellschaft. Doch Mutter Grothel besitzt ungeahnte Macht, denn sie nutzt die Heilkraft einer Zauberpflanze, um fortwährende Jugend zu erlangen. Als die Pflanze gerodet wird, um einer schwangeren, kranken Königin zu helfen, reagiert Mutter Grothel erzürnt. Kurz darauf bringt die Königin eine Tochter namens Rapunzel zur Welt, deren Haar nun die Heilkraft der Pflanze innehat. Mutter Grothel sieht nur eine Chance, ihre Vitalität zurückzubekommen: Sie entführt Rapunzel und zieht sie als ihre Tochter auf. Vitalität lässt sich hier mit Fertilität gleichsetzen, denn durch ihre Rolle als Mutter gewinnt Mutter Grothel an sozialem Wert.

Aus diesem Grund schneidet sie Rapunzels Haare nie ab und mit den Jahren werden sie der einzige Zugang zum Turm, in dem Mutter Grothel sie gefangen hält. Dies verdeutlicht die enorme Wichtigkeit Rapunzels für

Mutter Grothel. Hier ist nicht das Kind von der Mutter, sondern die Mutter primär vom Kind abhängig. Dies erklärt auch Mutter Grothels besitzergreifende Art, mit der sie die heranwachsende Rapunzel unterdrückt. Geplagt von Verlustängsten gibt sie vor, Rapunzel vor der gefährlichen Welt draußen beschützen zu wollen: *„Hör auf deine Mutter. Die Welt ist schrecklich und gemein. Mutter weiß mehr, mehr als alle andern. Da draußen bist du ganz allein ... Mutter ist hier. Sie wird dich beschützen. Leben wir doch wie bisher. Mach kein Drama, bleib bei Mama. Mutter weiß mehr. Mutter weiß mehr. Glaub doch deiner Mami. Die Welt hält nicht, was sie verspricht. Ganz schlecht angezogen, unreif, tollpatschig. Das überlebst du nicht."*

Um Rapunzel vor den Umwelteinflüssen noch mehr zu isolieren, hüllt sie den Turm schließlich in Dunkelheit. Sie gleicht hier fast einem Vampir, auch weil sie im Kampf um den Erhalt ihrer eigenen Vitalität Rapunzel ihrer Jugend beraubt. So bilden Rapunzels Emanzipation und die emotionalen Folgen für Mutter und Tochter auch den zentralen Konflikt der Geschichte.

Das sexuelle Erwachen Rapunzels, als diese sich in den Dieb Flynn verliebt, der zu ihr in den Turm eindringt, verstärkt Mutter Grothels Verlustängste noch mehr. Denn trotz ihres jugendlichen Aussehens ist sie sich ihres eigenen fortschreitenden Alters und ihrer mangelnden Gebärfähigkeit schmerzlich bewusst. Als Rapunzel zusammen mit Flynn flieht, kann Mutter Grothel dies nicht akzeptieren. Ihre misstrauische Einstellung zum männlichen Geschlecht, mit dem sie trotz ihrer Ehelosigkeit offenbar Erfahrungen gesammelt hat, offenbart sich. Ihre Bitterkeit suggeriert tief verborgene Wunden, die sie dazu veranlasst haben könnten, sich zurückzuziehen und Beziehungen zu anderen Menschen völlig zu vermeiden. Dieser Aspekt der Beziehungsverweigerung enthebt sie den traditionellen Märchenmustern und bringt sie zeitgenössischen, lebenserfahrenen Frauen näher, die sich ebenfalls mit gescheiterten Liebesbeziehungen auseinandersetzen müssen.

Doch ihre Lernunfähigkeit in zwischenmenschlichen Dingen führt dazu, dass Mutter Grothel nur mit den Waffen der emotionalen Manipulation um Rapunzels Zuwendung zu kämpfen weiß. Sie konfrontiert diese mit deren „Verrat“, den Turm verlassen zu haben: *„Kind, diese Romanze, die du erfunden hast, beweist doch nur, du bist zu naiv für all dies hier. Wieso sollte er dich mögen? Also, komm schon, wirklich. Sieh dich an. Denkst du, er ist beeindruckt? Sei doch nicht dumm, ja. Komm mit Mama.“* Mutter Grothel spricht diese Worte umgeben vom finsteren Wald, der keinerlei anderen sozialen Einfluss für Rapunzel bereithält. Obwohl aus dem Turm entkommen, scheint sie durch Mutter Grothel immer noch isoliert. Kurz darauf verlässt Flynn tatsächlich Rapunzel, um heimlich sein Diebesgut an die rechtmäßigen Besitzer zurückzugeben und mit ihr zusammen ein ehrliches Leben anzufangen. Mutter Grothels Warnungen: *„Glaube mir, mein Kind. Er wird schnell verschwinden. Ich will nur dein Bestes, Kind“*, nagen an Rapunzel und sie kehrt reumütig mit ihr in den Turm zurück, wo sie sich in die Rolle des unwissenden Kindes fügt.

Einmal zeigt sich in Rapunzels Beziehung zu Flynn auch der positive Einfluss Mutter Grothels auf sie. Anstatt sich von Flynns Charme leichtfertig beeindrucken zu lassen, reagiert sie zu Anfang skeptisch auf ihn und behält so die Oberhand. Andererseits zeigt die jahrelange Manipulation Mutter Grothels ebenfalls Spuren, denn Rapunzel enthält wider ihre Absprache Flynn dessen Diebesgut vor, obwohl er ihr hilft, aus dem Turm zu entkommen. Ihre aufkeimenden Gefühle für ihn werden von Verlustängsten überschattet. Der mütterliche Einfluss ist hier unverkennbar. Erst als Rapunzel diesen überwindet und sich Flynn gegenüber öffnet, lernt sie zu vertrauen und gibt ihm sein Diebesgut zurück. Es ist am Ende auch Flynn, der Rapunzel hilft, sich aus ihrer Abhängigkeit endgültig zu befreien, indem er ihr Haar abschneidet. Daraufhin altert Mutter Grothel rapide. Unfähig, sich dem Verlust ihrer Vitalität zu stellen, stürzt sie sich aus dem Turm.

Kurz darauf erfolgt auch die Wiedervereinigung Rapunzels mit ihren leiblichen Eltern und die klassische Familie von Vater, Mutter und Kind ist wieder intakt. Dies entspricht dem traditionellen Märchenmodell, in dem alleinstehende Frauen wie Hexen oder Stiefmütter eindeutig negativ besetzt sind. Doch es widerspricht auch realen Gegebenheiten der Gegenwart, in der alleinerziehende Frauen als Spiegel einer veränderten Beziehungssituation fungieren. Es ist zur Normalität geworden, dass Paare sich trennen, und häufig fällt es Müttern zu, sich vornehmlich um die gemeinsamen Kinder zu kümmern. Hier besteht die Gefahr, das positive besetzte Bild der intakten Familie als Kritik am Alleinerziehenden-Haushalt Mutter Grothels zu verstehen. Doch was Zuwendung und Materielles angeht, so hat Mutter Grothel durchaus gut für Rapunzel gesorgt. Ihr Versagen besteht vielmehr darin, sie ihrer leiblichen Familie und ihrer Freiheit beraubt zu haben.

Verglichen mit dem vorangehenden Beispiel wird Mutterliebe in der losen „Dornröschen"-Adaption MALEFICENT[29] durchweg positiv und auch heilend dargestellt. Der ebenfalls von Disney stammende Film erzählt die Geschichte aus Sicht der bösen Fee Maleficent, verkörpert von Angelina Jolie. Einst wurde Maleficent von einem Bauersjungen zugunsten einer aussichtsreichen Heirat mit einer Prinzessin verschmäht und hintergangen. Aus Rache verwünscht sie seine neugeborene Tochter Aurora. Diese soll an ihrem 16. Geburtstag in einen tiefen Schlaf fallen, aus dem sie nur durch einen Kuss der wahren Liebe erweckt werden kann. In den folgenden Jahren beobachtet Maleficent mit wachsender Neugier, wie Aurora zu einem jungen Mädchen heranwächst. Dabei erwachen tiefe Gefühle der Zuneigung in ihr und sie versucht vergeblich, den Fluch rückgängig zu machen. Auch Aurora, deren leibliche Mutter inzwischen verstorben ist, fühlt die starke Bindung zwischen sich und Maleficent. Als Aurora an ihrem 16. Geburtstag

29 MALEFICENT – DIE DUNKLE FEE (Maleficent, USA 2014). R: Robert Stromberg, B: Linda Woolverton.

in den Schlaf fällt, bringt Maleficent einen Jungen an ihr Bett, für den Aurora Gefühle hegt. Doch sein Kuss bringt keine Erlösung. Erst als Maleficent ihr einen Kuss auf die Stirn gibt, erwacht Aurora und vergibt Maleficent das, was sie getan hat. Bezeichnenderweise handelt es sich hier wie in TANGLED nicht um eine Verbindung von leiblicher Mutter und Kind. Es geht vielmehr um die Komplexität dieser Beziehung, das Geflecht von Bindung und Ablehnung. Doch während in Tangled die allzu starke Identifizierung mit der Mutterrolle zum Konflikt führt, nimmt Maleficent ihre Mutterrolle nur zögerlich an. Und erst als sie lernt, für Aurora zu sorgen, gelangt sie auf den Weg der Wiedergutmachung und erfährt innere Heilung.

Dass zwei neuere Verfilmungen nicht-traditionelle Mutter-Tochter-Modelle untersuchen, zeigt, dass das Bild der Mutter sich verändert hat. Anders als in der Vergangenheit ist die Entscheidung für ein Kind heute nicht mehr selbstverständlich. Doch mehr denn je führt dies dazu, dass Frauen diese Rolle für sich selbst neu definieren müssen, auch angesichts der Erwartungen der Umwelt. TANGLED zeigt die Gefahr, sich zu sehr in der Mutterrolle zu verlieren, denn unweigerlich werden eine Abnabelung des Kindes und ein damit verbundener Verlust erfolgen. Zuschauer und Zuschauerinnen können sich leicht in der Figur Rapunzels wiedererkennen, denn das Flüggewerden und die Ablehnung des Zuhauses und der Eltern sind ein unvermeidbarer Teil des menschlichen Reifeprozesses. Doch es ist ein großes Verdienst des Films, dass auch die emotionale Welt von Mutter Grothel erforscht und diese nicht als eindimensionale böse Alte gezeichnet wird. MALEFICENT auf der anderen Seite beleuchtet die Bedeutung von mütterlicher Zuneigung generell und unabhängig von biologischer Verwandtschaft. Mutter ist hier nicht, wer ein Kind auf die Welt bringt, sondern wer für ein Kind sorgt. Bemerkenswerterweise findet Maleficent in ihrer Mutterrolle dann auch die Erfüllung, die Mutter Grothel in Tangled so schmerzlich entbehrt.

DIE PATCHWORKFAMILIE: CINDERELLA

1. Gesellschaftliche Bedeutung

In den vergangenen Jahrzehnten hat sich die Familiensituation grundlegend verändert. Die klassische Rollenverteilung verliert in Bezug auf Familie und Beruf zunehmend an Bedeutung und führt somit zu größerer Unabhängigkeit der Ehepartner. Auch trägt eine Scheidung nicht mehr das soziale Stigma der Vergangenheit. Das Modell Patchworkfamilie, bei dem Paare bei einer Wiederverheiratung Kinder aus einer früheren Beziehung mitbringen, ist infolgedessen zur weit verbreiteten Realität geworden. So betrug 2010 laut einer Untersuchung des Bundesministeriums für Frauen, Familie, Senioren und Jugend der Anteil an Stieffamilien in Haushalten mit Kindern unter 18 Jahren 13,6 %.[30] Wie in anderen Familienkonstellationen sind auch hier häufig Kommunikations- und Kompromissfähigkeit gefragt, um möglichen emotionalen Konflikten entgegenzuwirken.

2. Rolle im Märchen

Auch im Märchengenre spielt die Patchworkfamilie aufgrund des häufigen frühen Ablebens der Mutter eine bedeutende Rolle. Wenn ein Mann zur raschen Wiederverheiratung gezwungen war, um die Führung seines Haushalts und die Erziehung der bereits vorhandenen Kinder zu gewährleisten, spiegelt dies nur die historischen Gegebenheiten wider. So heißt es bei „Aschenputtel“: *„Als der Winter kam, deckte der Schnee ein weißes Tüchlein auf das Grab, und als die Sonne im Frühjahr es wieder herabgezogen hatte, nahm sich der Mann eine andere Frau.“* Diese Stiefmutter zog für gewöhnlich zu ihrem neuen Mann. Falls sie Kinder aus einer früheren Bindung mitbrachte, waren diese gegenüber den leiblichen Kindern nicht erbberechtigt. Somit wurde zwar äußerlich die Familieneinheit

30 Bundesministerium für Frauen, Familie, Senioren und Jugend: Familienreport 2010, 01.06.2010, www.bmfsfj.de.

wiederhergestellt, doch das Thema Altersvorsorge barg Konfliktpotenzial in sich. Die Stiefmutter eignet sich somit hervorragend als Antagonistin, die in Märchenerzählungen den familiären Frieden gefährdet, um ihre eigene Stellung zu sichern. Ein Beispiel dafür ist auch die Stiefmutter Schneewittchens, deren *„Herz sich im Leibe herumkehrte, so hasste sie das Mädchen."* Interessant ist, dass der Vater im Märchen der Stiefmutter jegliche Verantwortung für die Kinder überlässt und Missbrauch ignoriert, ohne dass dies geahndet oder weiter thematisiert wird.

Das wohl bekannteste und am meisten adaptierte Beispiel für die Stieffamilie im Märchen ist „Aschenputtel"[31]. Die Geschichte des von der Stiefmutter unterdrückten Mädchens, das mit Hilfe eines auf einem Ball verlorenen Schuhs das Herz des Prinzen erobert, ist die klassische Underdog-Geschichte mit der Titelheldin als Identifikationsfigur.

3. Interpretation in Neuverfilmungen

Die jüngste Fassung von CINDERELLA ist 2015 unter der Regie von Kenneth Branagh im Rahmen einer Serie von Neuadaptionen von Disney-Animationsklassikern entstanden. Sie legt die emotionale Dynamik und die Risiken einer Patchworkfamilie gekonnt offen. Zu Anfang wächst Ella unbeschwert im Kreis ihrer Familie auf. Der frühe Tod ihrer Mutter zerstört jedoch jäh das Idyll, auch wenn ihr Einfluss nach ihrem Ableben noch deutlich zu spüren ist. Ihr gut gemeinter Rat *„Sei mutig und freundlich"*, wird ihrer Tochter Ella mit der Zeit zum Verhängnis. Verglichen mit der literarischen Vorlage, in der Aschenputtel geraten wird: *„Bleib fromm und gut"*, wirkt er zwar bereits fortschrittlich, doch Ellas Versuch, es aus purer Freundlichkeit allen recht machen zu wollen, erweist sich als Falle der Selbstaufopferung, in die manche Zuschauerin auch schon einmal getappt sein mag. Wie Aschenputtel muss auch Ella während der Abwesenheit ihres Vaters in der Küche

31 Aschenputtel. In: Jacob Grimm, Wilhelm Grimm: Kinder- und Hausmärchen, (Nummer 21). 1812, basierend auf Charles Perraults Aschenputtel oder der kleine Glasschuh

schuften und ihre neuen Familienmitglieder bei Tisch bedienen. Ihre Stiefmutter und Stiefschwestern machen sich sogar einen Spaß daraus, etwas zu Boden zu werfen und Ella herbeieilen zu sehen, die es aus purer Hilfsbereitschaft aufhebt. Hier tritt noch einmal die Bedeutung weiblicher Vorbilder zutage, die Mädchen von Kindheitstagen an vorleben, wie man für die eigenen Ansprüche und Rechte einzustehen hat.

Bemerkenswert ist die Dynamik zwischen der Stiefmutter und ihren leiblichen Töchtern. Denn diese zeigen sich Ella gegenüber gleichmütig, wenn die Stiefmutter nicht anwesend ist. Sobald diese auftritt, ergreifen die Stiefschwestern jedoch Partei, um gemeinsam mit ihr Ella zu erniedrigen. Es ist zu spüren, dass Ellas Stiefschwestern die Bestätigung ihrer Mutter suchen. Dieselbe Heuchelei legt die Stiefmutter gegenüber dem Vater an den Tag, als sie ihm vormacht, wie schön sie ihr neues Zuhause findet. Letztendlich ist der Vater die verantwortliche Person für die Patchwork-Situation. Und doch zeigen weder Ella, noch die Stiefmutter oder ihre zwei Töchter offen ihre wahren Gefühle. Anstatt die Probleme anzusprechen und gemeinsam zu lösen, ignorieren alle den brodelnden Konflikt, um dem Vater nicht zur Last zu fallen. Hier zeigt sich eine wichtige Lektion für das Gelingen einer Patchwork-Situation. Kommunikation ist unabkömmlich.

Zwar tritt die Stiefmutter auch hier als Peinigerin Ellas auf, doch wird sie differenzierter als bisher dargestellt. Während sie in der Animationsfassung von 1950 noch als eindimensional und herrisch dargestellt wird, ging die Adaption EVER AFTER von 1998[32] bereits einen Schritt weiter, indem die innige Bindung zwischen Aschenputtel und ihrem Vater herausgearbeitet wird. Der Stiefmutter wird somit von vornherein die Rolle als Störfaktor zugeteilt und sie reagiert mit Eifersucht. Auch in der aktuelleren Version muss die Stiefmutter kurz nach ihrer Ankunft ein Gespräch mitanhören, in

32 AUF IMMER UND EWIG (Ever After: A Cinderella Story, USA 1998). R: Andy Tennant, B: Susannah Grant, Andy Tennant, Rick Parks.

dem der Vater seiner Tochter Ella versichert, dass ihre verstorbene Mutter immer noch das Herzstück des Hauses sei. Der schmerzliche Ausdruck auf dem Gesicht der Stiefmutter zeigt, dass sie sich der Schwierigkeit bewusst ist, diese Lücke zu füllen und den Haushalt sowie die Familie einer anderen Frau zu übernehmen. Auch die Tatsache, dass Ella ihrer verstorbenen Mutter ähnlich sieht und dass ihr Vater sie verehrt, erinnert die Stiefmutter fortwährend an ihre Vorgängerin. Diese wird von den verbliebenen Familienmitgliedern geradezu auf ein Podest gehoben, das für die Nachfolgerin unerreichbar bleibt. Ähnlich wie Ella befindet auch sie sich in der Position eines Underdogs und in einem Dilemma, das das Publikum nachvollziehen kann.

Als Ellas Vater auf einer Geschäftsreise überraschend verstirbt, bringt dies die übrigen Familienmitglieder einander nicht näher. Während Ella ihren Vater betrauert, sind die Tränen der Stiefmutter der Tatsache zu verdanken, dass die Familie mit dem plötzlichen Wegfall des väterlichen Einkommens ruiniert ist. Zwar entlässt sie die Hausangestellten und lässt Ella fortan deren Arbeit verrichten, doch es bedarf einer langfristigen Lösung. Schließlich muss die Stiefmutter nun nicht nur ihre zwei leiblichen Töchter versorgen, sondern zusätzlich auch Ella. Die Aussicht auf eine erneute Heirat ist nach zwei Ehen und mit drei Kindern jedoch alles andere als vielversprechend. Der einzige Weg zurück in die finanzielle Sicherheit führt über ihre hübschen Töchter, deren oberflächliche Unbekümmertheit sich in ihren bonbonfarbenen Kleidern und dem überladenen Dekor ihres Zimmers äußert. Der Vergleich mit der anmutigen und stets natürlichen Ella verstärkt den Kontrast zwischen den Geschwistern zusehends. Als der Prinz alle jungen Frauen auf einen Ball einlädt, um eine Braut zu finden, sieht sich die Stiefmutter gezwungen, Ella aus dem Rennen zu ziehen, um die Chancen ihrer eigenen Töchter zu verbessern. Die bisherige feindselige Behandlung ihrer Stieftochter könnte sich nämlich im Fall einer Vermählung mit dem Prinzen rächen, denn es ist ungewiss, ob Ella sie dann finanziell unterstützen würde.

Die Familienbalance ändert sich tatsächlich, als der Prinz an Ella Gefallen findet. Das innere Dilemma der Stiefmutter offenbart sich, als sie das Gegenstück des Schuhs, den Ella auf dem Ball zurückgelassen hat, in deren Besitz vorfindet und diese des Diebstahls beschuldigt: *„Geschenkt worden, geschenkt worden? Nichts kriegt man geschenkt. Alles im Leben muss man bezahlen und bezahlen."* Als Ella ihr versichert, dass Freundlichkeit und Liebe umsonst seien, hält die Stiefmutter entgegen: *„Liebe kostet sehr wohl."* Dies sind die deutlichen Worte einer Frau, die sich in einer männerdominierten Gesellschaft durchkämpfen muss: *„Vor langer langer Zeit lebte eine wunderschöne junge Frau, die aus Liebe geheiratet hat, und sie bekam zwei geliebte Töchter. Alles war wunderschön bis eines Tages ihr Ehemann, das Licht ihres Lebens, starb. Das zweite Mal vermählte sie sich nur zum Wohl ihrer Töchter. Doch auch dieser zweite Mann wurde ihr genommen. Und sie war dazu verdammt, jeden Tag sein geliebtes Kind vor Augen zu haben."* Hier wird explizit auf den sozialen Kontext Bezug genommen, in dem die Geschichte angesiedelt ist und in dem eine Frau finanziell und in ihren Rechten vom Ehestand abhängig war. Heute ist dies glücklicherweise nicht mehr der Fall. Durch diese Offenbarung des inneren Konflikts wird der Stiefmutter eine emotionale Dimension verliehen, die der literarischen Vorlage und früheren Kinoadaptionen fehlt. Und während die Protagonistin die klare Identifikationsfigur ist, so kann das Publikum zumindest die unmoralischen Handlungen der Gegenspielerin besser nachvollziehen.

Doch Ella kann dies aufgrund ihrer begrenzten Lebenserfahrung nicht. Ihr ist nicht bewusst, dass sie das Idealbild verkörpert, das die Stiefmutter selbst gerne wäre. Vor dem Tod des Vaters musste die Stiefmutter mit Ella um dessen emotionale Zuwendung konkurrieren. Nach seinem Tod hat Ella die besseren Karten, was eine Vermählung und damit eine finanziell aussichtsreiche Zukunft angeht. Ellas Jugend gibt ihr den Spielraum, eine idealistische Weltanschauung zu vertreten – eine Einstellung, die vielleicht in Gefahr geraten würde, müsste sie sich irgendwann den gleichen

Entscheidungen im Leben stellen wie ihre Stiefmutter. So eignet sich die unbedarfte Ella eher als Vorbild für jüngere Zuschauerinnen, das lebenserfahrenere Publikum dagegen weiß, dass gerade die idealistischen Vorstellungen in der harten Realität schnell Einbußen erleiden.

Das Beispiel CINDERELLA ist typisch dafür, dass der Vater sich im Märchen aus Familienkonflikten heraushält. Während er auf Geschäftsreise geht, überlässt er es den zurückbleibenden Familienmitgliedern, mit der neuen Situation zurechtzukommen. Dass auch der Vater zur Verantwortung für das familiäre Zusammenleben gezogen werden kann und sollte, beweist die ZDF-Märchenperle ASCHENPUTTEL[33], die 2010 zum ersten Mal auf dem Bildschirm zu sehen war. Hier zeigt sich die Stiefmutter wie im vorangehenden Beispiel unsicher, den Platz der verstorbenen ersten Frau einzunehmen und versucht dies mit spitzen Bemerkungen zu überspielen: *„Ich bin nicht so kränklich wie deine erste Frau."* Doch der Vater verstirbt in dieser Fassung nicht. Von Geldsorgen geplagt, senkt er den Lebensstandard der Familie auf das Nötigste und zieht so den Unmut seiner verwöhnten Ehefrau auf sich. Als diese beginnt, Aschenputtel zu unterdrücken, lässt der Vater sie gewähren und überlässt der Stiefmutter auch die Entscheidung, ob Aschenputtel zum Ball gehen darf. Die Stiefmutter erweist sich als Meisterin der Manipulation und der Vater – obwohl traditionell doch Familienoberhaupt – als williges Opfer, was zu einer Beeinträchtigung des Familienzusammenhalts führt. Dem Publikum wird gezeigt, wie wichtig die väterliche Verantwortung für die Erziehung ist. Dies ist heute durch die stärkere berufliche Einbindung von Müttern relevanter denn je. Im Kontrast zum US-Remake ist es hier auch die Figur des Vaters, der sich aus der Verbindung Aschenputtels mit dem Prinzen am Ende einen Vorteil erhofft. Doch sein Versuch sich bei dem Prinzen anzubiedern, misslingt, und er muss als Strafe für sein

33 ASCHENPUTTEL (ZDF-Reihe Märchenperlen, Deutschland/Österreich 2010). R: Susanne Zanke, B: Bettina Janis.

Fehlverhalten zusammen mit seiner Frau und deren leiblicher Tochter den Rest seines Lebens als Diener verdingen.

Moderne Märchenadaptionen wie diese verdeutlichen, wie wichtig es ist, dass beide Erziehungsberechtigte Verantwortung für das Gelingen einer Patchworkfamilie übernehmen. Auch zeigt eine komplexe Darstellung der Stiefmutter im Märchen, in welch schwieriger Position diese sich häufig befindet. Letztendlich zeigt es auch die Notwendigkeit offener Kommunikation, ohne die Familiengebilde – egal welcher Art – nicht auskommen.

SELBSTBESTIMMUNG: FROZEN

1. Gesellschaftliche Bedeutung

Die Emanzipation der Frau ist eine der grundlegenden gesellschaftlichen Veränderungen des 20. Jahrhunderts. Heute sind Frauen zumindest in der westlichen Welt nahezu gleichberechtigt. Sie haben das Wahlrecht, verdienen ihr eigenes Einkommen und nehmen auch im Beruf vermehrt Führungspositionen ein. Die private Lebensplanung liegt im Vergleich zur Vergangenheit in ihren eigenen Händen, wohl auch dank moderner Verhütungsmethoden und erhöhter Bildung. So sind heute laut dem Aktionsrat Bildung die Mehrheit der Abiturienten und Studienabsolventen weiblich.[34] Doch die gegenwärtigen Möglichkeiten der Selbstverwirklichung bieten Frauen nicht nur größere Freiheit als jemals zuvor. Vielmehr bergen sie auch das Potenzial, vermehrt Verantwortung zu übernehmen für die aktive Gestaltung der Gesellschaft.

2. Rolle im Märchen

Eine Vielzahl von Märchen beschreibt den Reifeprozess eines Mädchens, der häufig durch eine erzwungene Trennung vom familiären Umfeld bedingt ist. Ein Beispiel dafür ist Schneewittchen, das sich wiederfand *„in dem großen Wald mutterseelenallein, und es war ihm so angst, dass es alle Blätter an den Bäumen ansah und nicht wusste, wie es sich helfen sollte."* Im weiteren Verlauf muss die Märchenheldin an Herausforderungen wachsen, um dann, psychisch gereift, bereit zu sein für den nächsten Schritt in ihrem Leben – die Eheschließung. In einigen Erzählungen findet dies durch Demütigungen statt. So muss die Prinzessin in „Der Froschkönig" ihre Abscheu überwinden, mit einem Frosch den Teller zu teilen: *„Das tat sie zwar, aber*

34 Aktionsrat Bildung: Geschlechterdifferenzen im Bildungssystem. Jahresgutachten 2009, www.aktionsrat-bildung.de.

man sah wohl, dass sie's nicht gerne tat." Und in „König Drosselbart"[35] wird das Selbstwertgefühl der Prinzessin nicht nur vom Vater, sondern auch vom zukünftigen Ehemann zerstört, nur weil diese sich zu Beginn der Geschichte heiratsunwillig zeigt. In solchen Geschichten drückt sich letztendlich das patriarchalische System aus, in dem der Mann sich die Frau aneignet, um durch sie Nachkommen zu sichern. Die Frau wird zum Besitz des Mannes und die Ehe mit einer Demütigung gleichgesetzt, für die die Frau eigentlich dankbar sein sollte. Abweichende Lebenspläne werden mit Verdrängung an den Rand der Gesellschaft geahndet und durch die Figur der Hexe symbolisiert. Die Entwicklung der Hexenfigur ist auf die von Männern dominierte Gesellschaft des Mittelalters zurückzuführen. Bis um 1500 waren die Medizin und damit auch die Geburtskunde fest in weiblicher Hand; dies gab Frauen in Heilberufen Macht. Im Zuge der Hexenverfolgung wurden diese Frauen dann bekämpft.[36]

Hier zeigt sich die enorme Bedeutung, die das Vorbild selbstbestimmter Frauenfiguren hat. Welch kulturelle Einschlagskraft dies haben kann, beweist der zweifach oscarprämierte Film FROZEN, welcher 2013 international das größte Einspielergebnis hervorbrachte und dessen Protagonistin Elsa vom Time Magazine zur einflussreichsten fiktiven Figur des Jahres gekürt wurde. Der Film basiert lose auf dem Märchen „Die Schneekönigin"[37] von Hans Christian Andersen, in dem ein Mädchen seinen Spielkameraden aus den Händen der Schneekönigin rettet, die ihn durch ihren Kuss langsam erfrieren lässt. Obwohl weibliche Figuren in der Geschichte eine tragende Rolle spielen, wird auf die Beziehung zwischen dem Mädchen und der Schneekönigin kaum eingegangen.

---

35 König Drosselbart. In: Jacob Grimm, Wilhelm Grimm: Kinder und Hausmärchen, (Nummer 52). 1812.
36 Elisabeth Müller: Das Bild der Frau im Märchen. München 1986.
37 Die Schneekönigin. In: Hans Christian Andersen: Neue Märchen und Erzählungen für Kinder. 1845.

3. Interpretation in Neuverfilmungen

Im Gegensatz dazu steht in FROZEN die schwesterliche Beziehung zwischen den Prinzessinnen Elsa und Anna im Fokus. Zu Beginn der Handlung treten beide als unbekümmerte Kinder auf. Doch Elsas Fähigkeit, Dinge durch ihre Emotionen in Schnee und Eis verwandeln zu können, führt beinah zum Tod Annas. Die besorgten Eltern isolieren die beiden von nun an voneinander, um sie zu schützen. Vor allem soll Elsa ihre Emotionen unterdrücken: *„Lass sie nicht rein, lass sie nicht seh'n, wie du bist, nein, das darf niemals gescheh'n. Du darfst nichts fühl'n, zeig' ihnen nicht dein wahres Ich."* Dies führt allerdings dazu, dass Elsa von Selbstzweifeln geplagt aufwächst und sich am Tag ihrer Thronbesteigung von der Verantwortung erdrückt fühlt. Stets beherrscht hat sie nie gelernt, Gefühle zu zeigen und menschliche Nähe zuzulassen.

Auch Anna ist aufgrund ihrer Isoliertheit ein einsamer Mensch geworden. Doch anstatt sich weiter abzuschotten, rebelliert sie und nimmt den Heiratsantrag von Prinz Hans an, den sie gerade erst kennengelernt hat. Als Elsa ihre Zustimmung zur Hochzeit verweigert, wird der Wesensunterschied zwischen den Schwestern deutlich. Während Anna impulsiv ist, handelt Elsa rational. Beide Figuren haben jeweils zu viel von der Qualität, die der anderen fehlt. Dem Publikum wird suggeriert, dass nur eine ausgewogene Balance zu den richtigen Entscheidungen und Handlungen und damit einem glücklichen Leben führen kann. Jede für sich kann folglich nicht funktionieren. Erst indem sie wieder zueinander finden und voneinander lernen, wird die Einheit wiederhergestellt. Die Konfrontation zwischen den Schwestern führt dazu, dass Elsa durch einen Gefühlsausbruch das Königreich unter einer Eisschicht begräbt. Das Volk reagiert erschrocken: *„Sie wird uns alle vernichten. Die Königin hat das Land verflucht."*

Für Elsa ist dies jedoch der dringend benötigte Befreiungsschlag. Anstatt für ihr Tun Verantwortung zu übernehmen, flieht sie und hat zum ersten

Mal in ihrem Leben keine Angst vor öffentlicher Verurteilung: *„Es ist schon eigenartig, wie klein jetzt alles scheint. Und die Ängste, die in mir war'n, kommen nicht mehr an mich ran. Was ich wohl alles machen kann, die Kraft in mir treibt mich voran. Was hinter mir liegt, ist vorbei. Endlich frei! Ich lass los, lass jetzt los, nun bin ich endlich so weit. Ich lass los, lass jetzt los, doch Tränen seht ihr nicht. Hier bin ich, und bleibe hier! Und ein Sturm zieht auf. Ich spüre diese Kraft, sie ist ein Teil von mir. Sie fließt in meiner Seele und in all die Schönheit hier. Nur ein Gedanke und die Welt wird ganz aus Eis. Ich geh' nie mehr zurück, das ist Vergangenheit."* Aus eigener Kraft erschafft sie ein Eisschloss nach ihren Vorstellungen und ersetzt ihr traditionelles Krönungsgewand durch ein funkelndes Kleid aus Eiskristallen. Entschlossen wirft sie ihre Krone davon als Zeichen, dass sie mit ihrer Vergangenheit abgeschlossen hat. Diese äußere Verwandlung signalisiert ihre veränderte Einstellung zu ihrer persönlichen Macht. Der Wandel vom angepassten Mädchen zur selbstbestimmten Frau ist vollzogen.

Und doch ist sie immer noch isoliert von anderen Menschen. Sie ist *„allein, aber frei"*, und somit dem Märchen-Archetyp der Hexe gleich. Doch hier wird ein ambivalentes Frauenbild gezeichnet, das in den literarischen Vorlagen so nie in Erscheinung tritt. Statt einer strengen Unterteilung in Gut und Böse wird der Kampf zwischen dem Drang nach Individualität und dem Bedürfnis, Teil einer Gemeinschaft zu sein, dargestellt. Elsas Macht eröffnet ihr einerseits ungeahnte Möglichkeiten, steht ihr aber auch gleichzeitig im Weg. Obwohl sie jetzt nach eigenen Vorstellungen lebt, muss sie lernen, auch Verantwortung für ihr Handeln zu übernehmen.

Währenddessen stellt sich Anna zum ersten Mal einer wichtigen Herausforderung, sie macht sich auf die Suche nach ihrer Schwester, um das Königreich zu retten. Dabei wird ihr kindlicher Idealismus einer notwendigen Prüfung unterzogen, als sich Prinz Hans als Bösewicht entpuppt. Motiviert durch seinen niedrigen Rang in der Thronfolge seines eigenen Landes, hoffte er, durch eine Heirat mit Anna und ein geplantes Mordkomplott gegen Elsa an die Macht zu gelangen. Im Gegensatz zu Elsa, die er als *„kalt wie ein Eisblock"* beschreibt, zeigte sich Anna naiv und somit als williges Opfer seines Charmes. Als seine Gefolgsleute in Elsas Eisschloss eindringen und sie in Ketten legen, symbolisiert dies die Bedrohung, die Elsa für ihre männliche Umwelt darstellt. Aufgrund ihrer Gefühlsimmunität kommt sie nicht als potenzielles Heiratsobjekt infrage. Und aufgrund ihrer Macht muss sie bekämpft werden. Prinz Hans versucht, Elsas Ruf zu zerstören: *„Königin Elsa ist ein Monster und wir alle sind in größter Gefahr."* Auch moderne Frauen sehen sich manchmal direkten oder indirekten Anfeindungen ausgesetzt, wenn sie ihre eigenen Prioritäten über die anderer stellen.

Schließlich gelingt es Elsa und Anna, wieder zueinander zu finden und so das Königreich zu retten. Bezeichnenderweise ist es ein Akt der Liebe, der am Ende den Fluch bricht. Prinz Hans versucht, Elsa mit dem Schwert zu töten, doch Anna wirft sich dazwischen, um ihre Schwester zu schützen. Sie erstarrt dabei zu Eis und Elsa weint Tränen der Trauer um Anna, die diese wieder in einen Menschen zurückverwandeln. Während der männliche Bösewicht hier im Konflikt zu einer Waffe greift, reagieren die weiblichen Figuren mit einer Geste der Zuneigung und haben damit am Ende Erfolg. Und während in so vielen Märchenadaptionen ein romantischer Kuss zwischen Mann und Frau das glückliche Ende bringt, ist es hier das emotionale Band zwischen zwei Schwestern. Die Familieneinheit ist wieder intakt, da eine Schwester gelernt hat zu vertrauen und die andere, nicht zu vertrauensselig zu sein. Und beide haben gelernt, dass Erwachsenwerden damit einhergeht, Verantwortung für das eigene Handeln zu übernehmen. Nur so ist Elsa ihrer Führungsrolle als Königin gewachsen und nur so kann Anna eine gleichwertige Partnerschaft eingehen.

Es fällt allerdings auf, dass Bildung hier überhaupt keine Rolle spielt, obwohl der Film weibliche Selbstbestimmung thematisiert. In der Realität sieht dies anders aus. Der Zugang zu mehr Bildung hat über die letzten Jahrzehnte zu einer Stärkung der selbstbestimmten weiblichen Existenz beigetragen. Doch auch in den vorhergehenden Beispielen spielt der Bildungsstand der weiblichen Figuren keine Rolle. Rapunzel in TANGLED liest zwar gern, jedoch scheint dies mehr ein Zeitvertreib, während sie im Turm gefangen ist. Ella in CINDERELLA verfügt über Französischkenntnisse, dies wird jedoch nie weiter ausgeführt. Bereits 1991 schon brachte der ebenfalls oscarprämierte BEAUTY AND THE BEAST eine Heldin hervor, die sich eher für Bücher als Männer interessierte. Und so gewann das Biest auch das Herz der schönen Belle, indem es ihr die Schlossbibliothek schenkte und nicht wie in der literarischen Vorlage und anderen Adaptionen Schmuck. Es wäre zu wünschen, dass der Intellekt weiblicher Märchenfiguren in Zukunft mehr in den Vordergrund gerückt wird, um die Wirklichkeit und den Alltag des Publikums besser zu reflektieren.

Die Entwicklung der Protagonistin ist zwar in den Märchenvorlagen streng nach gesellschaftlichen Traditionen festgelegt, doch Neuverfilmungen wie FROZEN beweisen, dass auch in diesem Rahmen wichtige Lektionen der Emanzipation vermittelt werden können. Anstatt sich genau an die Originalfassung zu halten, wurde hier nur die Essenz der Geschichte – der Reifeprozess heranwachsender Kinder – herausgegriffen und auf zwei Schwestern übertragen. Die Entscheidung, die Königin und das sie aufsuchende Mädchen in ein intimeres Verwandtschaftsverhältnis zu setzen, zahlt sich aus. Im Kontrast zu vielen anderen Märchenverfilmungen wird hier nicht die Partnersuche, sondern die Beziehung der beiden weiblichen Figuren in den Fokus gerückt. Im überromantisierten Märchengenre, in dem es so häufig nur darum zu gehen scheint, den Märchenprinzen zu finden, bildet dies die Ausnahme und setzt ein positives Zeichen, dass Liebe in vielerlei Form in unserem Leben existiert.

IN BLICK ZURÜCK, EIN SCHRITT NACH VORN

Nachdem ältere Märchenverfilmungen lange eine Liebesbeziehung zwischen relativ eindimensionalen Figuren in den Vordergrund stellten, beweisen die jüngeren Verfilmungen, dass das Genre durchaus Anpassungsspielraum erlaubt. Insbesondere die Figuren zeichnen sich neuerdings durch eine Vielschichtigkeit aus, die ihren literarischen Vorlagen fremd ist. Sie sind somit besser in der Lage, eine Vorbildfunktion für ein zeitgenössisches Publikum zu erfüllen.

Moderne Märchenheldinnen zeichnen sich durch psychologische Tiefe aus, das sich in einem zentralen inneren Dilemma ausdrückt, welches überwunden werden muss.

So kann zum Beispiel Elsa in FROZEN ihrer Rolle als Königin nur gerecht werden, weil sie sich vorher mit ihrer persönlichen Macht auseinandersetzt. Dunkle, zerstörerische Züge haben ihr Existenzrecht, zum Beispiel wenn Elsa das Königreich unter einer dicken Eisschicht begräbt und Leben dort unmöglich macht. Diese Ambivalenz im Charakter steht im direkten Gegensatz zu literarischen Märchenvorlagen, in denen klare Grenzen zwischen Gut und Böse gezogen werden. Elsa verkörpert hier den Archetyp der Hexe, doch eignet sie sich aufgrund ihrer emotionalen Vielschichtigkeit auch als Anker für das Publikum. Dass auch Antagonistinnen diese Identifikationsfläche bieten können, beweisen Figuren wie Mutter Grothel in RAPUNZEL und die Stiefmutter in CINDERELLA. Diese werden in einen sozialen Kontext gesetzt, der ihre Motivation darlegt und ihre Handlungen somit zwar nicht nachahmenswert, aber zumindest verständlich macht. Beide Filmbeispiele sind als vorlagentreu einzustufen. Doch MALEFICENT beweist, dass eine Abweichung von der Originalfassung Räume schafft, bereits vertraute Figuren völlig neu zu beleuchten. So stellt der Perspektivwechsel hier die böse Fee in den Vordergrund und verleiht ihr eine charakterliche Komplexität und Entwicklung, die ihr in der literarischen Vorlage sowie früheren Filmadaptionen fehlen.

Doch Entwicklungen sind auch in der soziologischen Dimension zu beobachten, in der weibliche Märchenfiguren sich in zeitgenössischen Verfilmungen bewegen. So ist Elsa in FROZEN eine alleinstehende Frau von hohem sozialen Status und bleibt dies auch zum Filmende hin. Dass sie den Thron ihres Königreiches besteigt, ohne einen Mann an ihrer Seite zu haben, wird nicht problematisiert. In Disney-Märchenklassikern der vergangenen Jahrzehnte wie zum Beispiel SNOW WHITE AND THE SEVEN DWARFS wäre so etwas undenkbar gewesen. Dort wurde die Prinzessin standesgemäß vom Prinzen gerettet und erst durch Heirat zur Königin. Es ist somit bereits als Fortschritt zu bewerten, dass das Studio mit „Die Schneekönigin" ein Märchen zur Adaption gewählt hat, in dem die Figur der Schneekönigin völlig unabhängig von einem Mann agiert. Das eigentliche Verdienst von Disney liegt aber darin, diese Figur neben der Protagonistin Anna in den Vordergrund zu rücken und beider Beziehung zueinander zum zentralen Thema zu machen. Auch in THE PRINCESS AND THE FROG steht die berufliche Identität der Heldin im Vordergrund. Der Film legt zudem dar, wie die Geschlechterrollen der literarischen Vorlage und der älteren Adaptionen auf den Kopf gestellt werden können, um die berufliche Situation des weiblichen Publikums besser widerzuspiegeln. Tiana verkörpert trotz ihrer einfachen Herkunft und ihres geringen Bildungsstands die moderne Karrierefrau, die ihre beruflichen Träume über ihr Privatleben stellt – auch der Kritik ihrer Umwelt zum Trotz.

Einen weiteren wichtigen Punkt der jüngsten Entwicklungen stellt der Fokus auf rein weibliche Beziehungen dar. In den literarischen Vorlagen nehmen diese zwar ebenfalls eine bedeutende Rolle ein, doch wie bereits gezeigt, muss sich die positiv gezeichnete Protagonistin zumeist gegen die böse Antagonistin widersetzen. Moderne Verfilmungen fokussieren sich zunehmend auf die Darstellung des komplexen Geflechts, das zwischen

Mutter und Tochter oder unter Schwestern existiert. Sowohl in FROZEN als auch in MALEFICENT werden Krisen durch liebevolle Gesten bewältigt. Dies entspricht durchaus dem gängigen Märchenmodell. Und doch sind es hier nicht die Gesten männlicher Retter, sondern eine schwesterliche Umarmung oder der Kuss der Mutter, die den Zauber brechen.

Herkömmliche Stereotype werden hier durch zwei weibliche Figuren ersetzt, die positiv und negativ agieren dürfen und sich gegenseitig beeinflussen. Der Umstand, dass FROZEN eine Wiedervereinigung der Schwestern zeigt, während TANGLED die im Prozess des Erwachsenwerdens notwendige Emanzipation der Tochter thematisiert, zeigt, wie differenziert das Ergebnis ausfallen kann.

Doch auch die Beziehung zwischen Mann und Frau spielt noch immer eine große Rolle in Märchenverfilmungen. Hier zeigt sich ein Trend im Aufbrechen der klassischen Rollenverteilung. Im Kontrast zur literarischen Originalvorlage und früheren Verfilmungen kann sich die Protagonistin nicht mehr darauf verlassen, von einem Prinzen gerettet zu werden, wie das Beispiel FROZEN beweist. In fast allen genannten Beispielen finden sich Männer, die finanzielle Absicherung oder eine Erhöhung ihres sozialen Status suchen. In MIRROR MIRROR nimmt der Prinz die Rolle des begehrten Heiratsobjekts ein, doch zeichnet er sich hauptsächlich durch sein attraktives Äußeres aus. Gewöhnlicherweise fällt dieser Aspekt in Märchen der weiblichen Figur zu. In THE PRINCESS AND THE FROG verkörpert Prinz Naveen zwar nach außen hin die traditionelle Figur des Prinzen, doch sein Mangel an Ambition und der Fokus auf sein Privatleben stehen für ein zeitgemäßeres Männerbild. Hier rettet die Protagonistin den Prinzen finanziell und er dankt es ihr. In einer Zeit, in der Männer zunehmend nicht mehr die Rolle des Alleinversorgers in der Beziehung übernehmen, weist ihnen Prinz Naveen so einen Weg in eine neue Richtung. Dass Patchworkfamilien in Märchen und auch in der heutigen Zeit eine große Rolle spielen, ist eine interessante Parallele.

Diese Gesamtentwicklung ist vornehmlich das Verdienst der jüngsten US-Märchenproduktionen, die vom lange bewährten Muster des Märchens als Liebesfilm abzuweichen versuchen. Es bleibt zu hoffen, dass auch hierzulande Märchenproduktionen den Spagat schaffen, der Vorlage wie im Beispiel der ZDF-Produktion ASCHENPUTTEL gerecht zu bleiben und gleichzeitig berechtigte Sozialkritik zu üben.

Wünschenswert wäre, wenn in zukünftigen Märchen mehr Väter zu sehen wären, die Verantwortung für das Familienleben übernehmen und so auch modernen Männern ein Vorbild sein können. Auch eine durch Scheidung entstehende Patchwork-Situation und die daraus unweigerlich resultierenden persönlichen Dynamiken wären ein interessanter Ansatz, durch den das Märchengenre weiter den heutigen Verhältnissen angepasst werden könnte. Die Situation alleinerziehender Mütter spiegelt sich in den Adaptionen wider, doch hier sind mehr positive Beispiele gefragt. So könnte zum Beispiel eine alleinerziehende Mutter im Märchen einmal die Rolle der weisen Ratgeberin übernehmen oder als Vorbild für die Protagonistin fungieren.

Auch sollte der Bildungsgrad der Märchenheldinnen mehr in den Vordergrund gerückt werden. Bisher ist dies nur in Ansätzen erkennbar, wie bei Protagonistinnen, die gerne lesen oder über Sprachkenntnisse verfügen, ohne dass dies im Lauf der Handlung jedoch weiter von Bedeutung ist. Doch gerade im Hinblick auf ein jüngeres Publikum scheint es enorm wichtig, die intellektuellen Fähigkeiten der weiblichen Figuren besser zu entwickeln.

Immer noch sind Märchenverfilmungen in ihrem Vorbildcharakter ein relevantes Instrument der Sozialisierung im Kindesalter. Aber auch für ein älteres Publikum halten sie wichtige Lektionen bereit. So wird die Figur der Königin in MIRROR MIRROR zur Warnung, in einer von Körperkultur geprägten Gegenwart den Geist nicht zu vernachlässigen. Tianas Erfahrungen mit dem Prinzen in THE PRINCESS AND THE FROG verdeutlichen, wie wichtig finanzielle Unabhängigkeit für Frauen ist – im Märchen und in der Realität. Mutter Grothel in TANGLED und die Stiefmutter in CINDERELLA zeigen dagegen die Vorbehalte der Gesellschaft, gegen die auch Frauen heute noch ankämpfen müssen. Und schlussendlich zeigt FROZEN die enorme Bedeutung weiblicher Selbstbestimmung, ohne die Frauen nicht gleichberechtigter und richtungsweisender Teil der Gesellschaft werden können.

Der Märchenforscher Heinz Rölleke stellte in seinen Beobachtungen über weibliche Märchenfiguren einst fest: „*Eine der kompliziertesten, unausdeutbarsten, aber zweifellos auch reizvollsten Erscheinungen auf dieser Welt ist die Frau.*" Doch mehr als rätselhaft zu sein, sehnen sich Frauen danach, als vollwertiger Teil der Gesellschaft wahrgenommen zu werden. Die jüngsten Märchenadaptionen zeigen Heldinnen, die nicht auf die Erlösung durch einen Prinzen warten. Stattdessen fordern sie ihre Rechte ein, auch wenn dies nicht immer auf das Wohlwollen der Umwelt stößt. Dies gilt gleichermaßen für die Hauptfigur wie auch für die Antagonistin. Je aktiver und komplexer Frauenfiguren in Märchenerzählungen angelegt sind, desto mehr tragen sie dazu bei – auch im Hinblick auf die jüngere Generation – den Mythos der widersprüchlichen Frau zu zersetzen und den notwendigen Raum für wahre Gleichberechtigung zu schaffen.

LITERATUR

Carter, Nancy M. und Wagner, Harvey M.: The Bottom Line. Corporate Performance And Women's Representation On Boards (2004-2008).
In: www.catalyst.org/knowledge/bottom-line-corporate- performance-and-womens-representation-boards-20042008 (16.05.15).

Cornelißen, Waltraud: 1. Datenreport zur Gleichstellung von Frauen und Männern in der Bundesrepublik Deutschland.
In: http://www.genderkompetenz.info/genderkompetenz-2003-2010/w/files/gkompzpdf/gender_datenreport_2005.pdf (19.03.2018).

Fehres, Karin; Blessing-Kapelke, Ute; Tzschoppe, Petra und Hartmann, Stephan: Mitgliederentwicklung im Sportverein. Bestandserhebungen und demografischer Wandel zwischen den Jahren 2000 und 2010. In: www.lsvbw.de/cms/docs/doc10257.pdf (16.05.15).

Giang, Vivian: Why powerful women don't talk as much as men.
In: Business Insider, 07.05.2012, www.businessinsider.com/why-powerful-women-dont-talk-as-much-as-men-yale-study-2012-5?IR=T (16.05.15).

Gostomzyk, Tobias; Leffers, Jochen: TV trifft Realität. Wie echt ist Danni Lowinski?
In: Spiegel, 29.03.2011, www.spiegel.de/karriere/berufsleben/tv-trifft-realitaet-wie-echt-ist-danni-lowinski-a-752284.html (16.05.15).

Grüneberg, Sabine: Wie erzieht man heute ein Mädchen?
In: Eltern, www.eltern.de/kleinkind/entwicklung/erziehung-maedchen.html (16.05.15).

Holst, Elke, Busch, Anne und Kröger, Lea – DIW (Deutsches Institut für Wirtschaftsforschung): Führungskräfte-Monitor 2012. Update 2001-2010, August 2012.
In: http://www.diw.de/documents/publikationen/73/diw_01.c.407592.de/diwkompakt_2012-065.pdf (19.03.2018).

Maslin, Janet: Working Girl: The Dress-for-Success Story Of a Secretary From Staten Island.
In: New York Times, 21.12.1988.

N.N.: Beruf und Familie: Karriereknick oder nicht?
In: www.absolventa.de/karriereguide/arbeit-und-alltag/beruf-und-familie (16.05.15).

N.N.: Warum Frauen das Risiko scheuen.
In: www.scinexx.de/wissen-aktuell-9608-2009-03-06.html (16.05.15).

Viehoff, Eva: Interview mit Burghilde Wieneke Toutaoui.
In: www.komm-mach-mint.de/Service/Veranstaltungen/MINT-Veranstaltungen/Interview-Prof.-Dr.-Burghilde-Wieneke-Toutaoui (09.06.15).

Wolf, Naomi: Der Mythos Schönheit. Reinbek 1991.

Wolf, Naomi: Die Stärke der Frauen: Gegen den falsch verstandenen Feminismus. München 1993.

KARRIERESÜCHTIG, MACHTVERSESSEN, EINSAM?

FILME UND TV-SERIEN

BORGEN (Borgen – Gefährliche Seilschaften): Idee: Adam Price, Jeppe Gjervig Gram, Tobias Lindholm, DK, DR1 2010–2013.

BROADCAST NEWS (Nachrichtenfieber): R und B: James L. Brooks, USA 1987.

DAMAGES (Damages – Im Netz der Macht): Idee: Todd A. Kessler, Glenn Kessler, Daniel Zelman. USA, FX 2007–2012.

DANNI LOWINSKI: Idee: Marc Terjung, D, Sat.1 2010–2014.

ENTOURAGE: Idee: Doug Ellin, USA, HBO 2004–2011.

HANNIBAL: Idee: Bryan Fuller, USA, NBC seit 2013.

MAD MEN: Idee: Matthew Weiner, USA, AMC 2007–2015.

NINE TO FIVE (Warum eigentlich ... bringen wir den Chef nicht um?): R: Colin Higgins, B: Patricia Resnik, Colin Higgins, USA 1980.

SUITS: Idee: Aaron Korsh, USA, USA Network, seit 2011.

THE DEVIL WEARS PRADA (Der Teufel trägt Prada): R: David Frankel, B: Aline Brosh McKenna, USA 2006.

THE SOPRANOS (Die Sopranos): Idee: David Chase, USA, HBO 1999–2007.

WORKING GIRL (Die Waffen der Frauen): R: Mike Nichols, B: Kevin Wade, USA 1988.

DIE PRINZESSIN ERWACHT

LITERATUR

Aktionsrat Bildung: Geschlechterdifferenzen im Bildungssystem. Jahresgutachten 2009, www.aktionsrat-bildung.de/?id=78 (01.11.16).
https://translate.google.de/translate?hl=en&sl=de&u=http://www.aktionsrat-bildung.de/fileadmin/Dokumente/Dokumentation_2009.pdf&prev=search

Andersen, Hans Christian: Die Schneekönigin. In: Neue Märchen und Erzählungen für Kinder. 1845.

Bettelheim, Bruno: Kinder brauchen Märchen. Stuttgart 1977.

Bundesministerium für Frauen, Familie, Senioren und Jugend: Familienreport 2010, 01.06.2010, www.bmfsfj.de/bmfsfj/service/publikationen/familienreport-2010/74518 (01.11.16).

Dückers, Tanja: Die kinderlose Frau ist an allem Schuld. In: Die Zeit, 04.12.2014, www.zeit.de/gesellschaft/zeitgeschehen/2014-12/kinderlose-toleranz (01.11.16).

Grimm, Jacob und Wilhelm: Der Froschkönig, Rapunzel, Hänsel und Gretel, Aschenputtel, Frau Holle, Dornröschen, König Drosselbart, Schneewittchen, Rumpelstilzchen. In: Kinder- und Hausmärchen. 1812.

Müller, Elisabeth: Das Bild der Frau im Märchen. München 1986.

Nicolai, Birger: Was Männer wollen, erklärt ihnen das Marketing. In: Die Welt, 04.01.2013, www.welt.de/wirtschaft/article112410511/Was-Maenner-wollen-erklaert-ihnen-das-Marketing (01.11.16).

Rölleke, Heinz: Die Frau in den Märchen der Brüder Grimm. In: Sigrid Früh: Veröffentlichungen der Europäischen Märchengesellschaft. Kassel 1985.

DIE PRINZESSIN ERWACHT

FILME UND TV-SERIEN

ASCHENPUTTEL (Märchenperlen): R: Susanne Zanke, B: Bettina Janis. Deutschland/Österreich 2010.

BEAUTY AND THE BEAST (Die Schöne und das Biest): R: Gary Trousdale, Kirk Wise, B: Linda Woolverton. USA 1991.

CINDERELLA (Aschenputtel): R: Clyde Geronimi, Hamilton Luske, Wilfred Jackson, B: Ken Anderson, Perce Pearce, Homer Brightman, Winston Hibler, Bill Peet, Erdmann Penner, Harry Reeves, Joe Rinaldi, Ted Sears, Maurice Rapf. USA 1950.

CINDERELLA: R: Kenneth Branagh, B: Chris Weitz. USA 2015.

DORNRÖSCHEN: R: Walter Beck, B: Margot Beichler, Gudrun Deubener-Rammler, Walter Beck. DDR 1971.

DORNRÖSCHEN (Märchenperlen): R und B: Arend Agthe. Deutschland/Österreich 2008.

DREI NÜSSE FÜR ASCHENBRÖDEL: R: Václav Vorlicek, B: Františeк Pavlícek. CSSR/DDR 1973.

EVER AFTER: A CINDERELLA STORY (Auf immer und ewig): R: Andy Tennant, B: Susannah Grant, Andy Tennant, Rick Parks. USA 1998.

FROZEN (Die Eiskönigin): R: Chris Buck, Jennifer Lee, B: Jennifer Lee. USA 2013.

MALEFICENT (Maleficent - Die dunkle Fee): R: Robert Stromberg, B: Linda Woolverton. USA 2014.

MIRROR MIRROR (Spieglein Spieglein - Die wirkliche wahre Geschichte von Schneewittchen): R: Tarsem Singh, B: Marc Klein, Jason Keller, Melissa Wallack. USA 2012.

SNOW WHITE AND THE HUNTSMAN: R: Rupert Sanders, B: Evan Daugherty, John Lee Hancock, Hossein Amini. USA 2012.

Wir glauben an die Kraft guter Geschichten.
Wir glauben an die Kraft guter Geschichten.
glauben an die Kraft guter Gesch

Lustige Postkarten

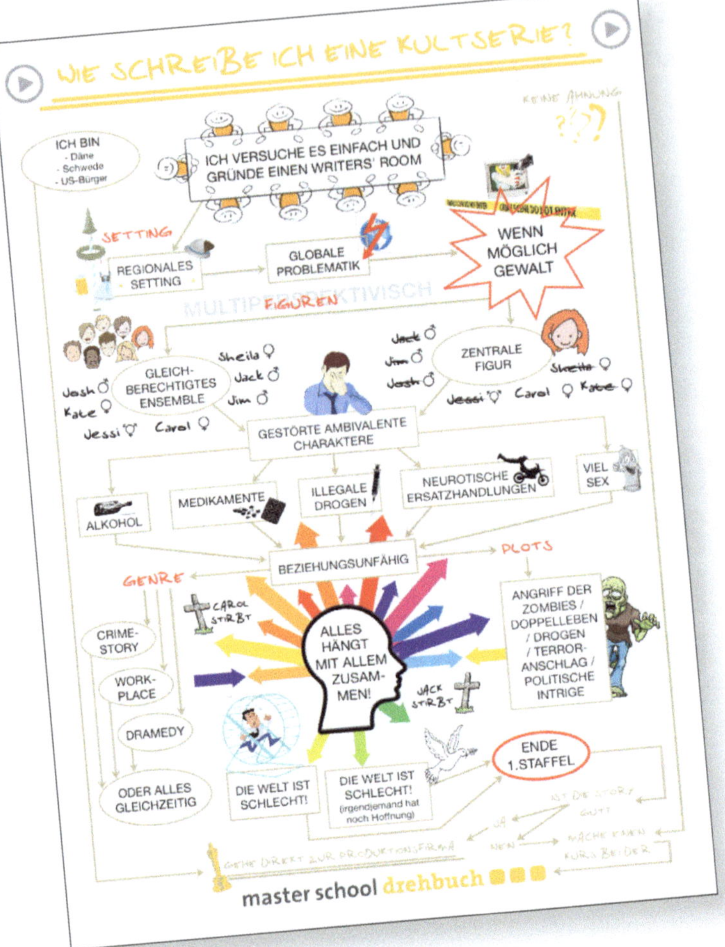

Legendär sind unsere »Lustigen Postkarten«, die wir mit großem Vergnügen entwickelt haben. Sie können diese und andere bei der Master School Drehbuch kostenfrei bestellen: www.masterschool.de

master school drehbuch